D1719451

Information und Wissen als Wettbewerbsfaktoren

Analysen und Managementansätze

von

Dipl.-Infw. Jens Brodersen
Dipl.-Infw. Kenneth Pfüller

Oldenbourg Verlag München

Bibliografische Information der Deutschen Nationalbibliothek

Die Deutsche Nationalbibliothek verzeichnet diese Publikation in der Deutschen
Nationalbibliografie; detaillierte bibliografische Daten sind im Internet über
http://dnb.d-nb.de abrufbar.

© 2013 Oldenbourg Wissenschaftsverlag GmbH
Rosenheimer Straße 143, D-81671 München
Telefon: (089) 45051-0
www.oldenbourg-verlag.de

Lektorat: Dr. Stefan Giesen
Herstellung: Constanze Müller
Titelbild: www.thinkstockphotos.de
Einbandgestaltung: hauser lacour
Gesamtherstellung: Books on Demand GmbH, Norderstedt

Dieses Papier ist alterungsbeständig nach DIN/ISO 9706.

ISBN   978-3-486-73575-8
eISBN   978-3-486-73585-7

Abstract

Informationen sind heute in große Anzahl verfügbar und lassen sich komfortabel übersenden, teilen, zugänglich machen, ergänzen und verarbeiten. Da Informationen aber für alle Marktteilnehmer gleichermaßen leichter zugänglich geworden sind, lässt sich aus dem reinen Zugang zu Information kein nachvollziehbarer Wettbewerbsvorteil mehr realisieren. Und aus einem großen Informationsbestand lässt sich kein Nutzen generieren, wenn die Information nicht mit vertretbarem Aufwand im Informationsbestand aufgefunden und eingesetzt werden kann. Ein Wettbewerbsvorteil im Zusammenhang mit Information und Wissen lässt sich plausibler Weise nur dann realisieren, wenn die kritische Information im Gegensatz zum Wettbewerber besser identifiziert, beschafft oder selbst geschaffen und eingesetzt werden kann. Daher ist ein Informationsmanagement von Nöten, dass den Inhalt der Information in den Mittelpunkt des Handelns stellt und mit anderen primär informationsschaffenden Managementbereichen verbunden ist.

Informationen entstehen oder werden beschafft, stiften Nutzen, entwickeln sich unter Umständen weiter, bis sie weniger Nutzen stiftend in einem Archivraum verwahrt werden, um am Ende des Zyklus gelöscht zu werden, womit das Dasein beendet wird. Wenn Informationen Veränderungen durchlaufen erscheint es plausibel Informationen an ihrem Lebenszyklus orientiert zu managen.

In diesem Werk wird ein Informationslebenszyklus dargestellt, der diese Ansprüche berücksichtigt um das Informationsmanagement im Unternehmenskontext zu verbessern. Zudem wird der Wettbewerbsfaktor Wissen untersucht und festgestellt ob Wissensmanagement von Branche oder Unternehmensgröße determiniert wird.

Es werden Methoden zur Gestaltung von Informationsstrategien dargestellt und für die Ermittlung von kritischen Erfolgsfaktoren. Des Weiteren werden neue Ansätze für Bedarfsermittlungen, Qualitätsbeurteilungen, Indexierung von Informationen besprochen.

Vorwort und Einführung

In der heutigen Ökonomie sind Information und Wissen das Öl des 21. Jahrhunderts. Moderne Kommunikationsmittel und globale wie auch betriebliche IT- und Kommunikationsnetze und auch soziale Netzwerke bilden lediglich die Infrastruktur für die Austauschprozesse von Rechten, Geld, Sachen und vor allen Dingen Informationen. Innovation[1] und Kreativität, Marktgeschwindigkeit, Management im Sinne von Stakeholderinteressen sind heute die Hebel im Wettbewerb und werden maßgeblich durch Information und Wissen bestimmt.[2]

Informationen und der Zugang zu Informationen sind heute, analog zur IT im letzten Kondratrieff[3], ein notwendiges Commodity. Mit den gesunkenen Kosten für Zugang, Erwerb und Nutzung von IT und aus dem reinen Zugang zu Informationen ist, in der Regel[4], kein nachhaltiger Wettbewerbsvorteil mehr zu erschließen.

Wesentlich ist heute nicht das Informationen verfügbar sind, sondern wie schnell und effektiv diese eingesetzt werden. D.h. im Gegensatz zur üblichen Denkrichtung des reinen Zugänglich- und Verarbeitmachen, gilt es sich mit dem Inhalt von Informationen auseinanderzusetzen und Informationen nach ihrer Bedeutung und ihrem Wert für die Unternehmensstrategie zu managen.

Dieser Perspektivwechsel löst auch eine wesentliche Barriere im Wissensmanagement auf. Denn auch dort konnten Potentiale häufig nicht gehoben werden, da die Thematik von einer technischen und infrastrukturellen, aber nicht von einer inhaltlichen Seite betrachtet wurde.

Das folgende Werk zerfällt in zwei Teile. Teil I untersucht die Theorie des Managements von Information und Wissen nach der inhaltlichen Güte, Bedeutung und Lebenszyklus. Dem Theorieteil folgt die Untersuchung der Hypothesen mit einem empirischen Forschungsansatz. Teil II widmet sich schwerpunktmäßig dem Wettbewerbsfaktor Wissen und untersucht neben verschiedenen operativen Managementansätzen ob Wissen und Wissensmanagement von Branche oder Unternehmensgröße determiniert sind.

---

[1] Hauschildt, J., Salomo, S.; Innovationsmanagement; Vahlen; München; 2007; S. 406–440.

[2] Linde, F.; Stock, W.; Informationsmarkt; Oldenbourg; 2011; München; S. 21–30, 81–109.

[3] Kondratieff, N.D.; Die langen Wellen der Konjunktur; Archiv für Sozialwissenschaft und Sozialpolitik 56; 1926; S. 594–599.

[4] Insiderinformationen oder der ausschließliche Zugang zu bahnbrechenden Forschungsinformationen bilden bspw. eine Ausnahme.

Inhaltsverzeichnis

Abstract   **V**

Vorwort und Einführung   **VII**

Abbildungsverzeichnis   **XIII**

Tabellenverzeichnis   **XV**

Abkürzungsverzeichnis   **XVII**

Teil I   Wettbewerbsvorteil Information   **1**

1   Einleitung   **3**

Information als Wettbewerbsvorteil? 5

2   Grundlagen   **7**

2.1   Zeichen, Daten, Informationen 7
2.2   Wissen 10
2.3   Informationsquellen und Informationsressourcen 11

3   Wirkung von Informationen in Unternehmen und Informationslebenszyklus 13

3.1   Lebenszyklus 14
3.2   Informationslebenszyklus-Modell 14

4   Informationslebenszyklus   **15**

4.1   Strategie 15
4.1.1   Methode zur Erstellung einer Informationsstrategie 16
4.1.2   Informationsstrategie gegenüber anderen Strategieformen im Unternehmen 18
4.2   Modell des Informationslebenszyklus 19
4.2.1   Innerer Kreislauf 21
4.2.1.1   Retrieval 21
4.2.1.2   Aufbereitung 22
4.2.1.3   Weiterleitung 23
4.2.1.4   Aktivitäten und Kommunikation 23
4.2.1.5   Information Processing 24
4.2.1.6   Prüfung und Selektion 24
4.2.1.7   Indexierung 26
4.2.1.8   Speicherung und Bereitstellung 30
4.2.2   Äußerer Kreislauf 30

4.2.2.1 Informationsversorgung... 31
4.2.2.2 Wissensmanagement 32
4.2.2.3 Informationsmanagement 35

5 Erhebung **41**

5.1 Untersuchungsmethode 41

5.2 Vorstellung der Untersuchungsobjekte.. 42

5.3 Ergebnisse... 44
5.3.1 Struktur der Befragungsteilnehmer.. 44
5.3.2 Prüfung der Hypothese: Die inhaltliche Prüfung von Informationen ist nützlich um die Qualität der Informationsversorgung zu verbessern. Dies wird allerdings nur in wenigen Unternehmen umgesetzt 45
5.3.3 Prüfung der Hypothese: Im Kontext des Informationsmanagements wird keine Informationsstrategie mit klaren Zielvorgaben eingesetzt.............................. 47
5.3.4 Prüfung der Hypothese: Die Verzahnung von primär informationsschaffenden Abteilungen ist nützlich um die Informationsversorgung zu verbessern. Dies wird allerdings nur in wenigen Unternehmen umgesetzt 49
5.3.5 Prüfung der Hypothese: Es werden häufig keine Ordnungssysteme oder Volltextindexierung eingesetzt 51
5.3.6 Prüfung der Hypothese: Die Konzentration auf weniger, erfolgskritische Informationen ist nützlich um die Informationsversorgung zu verbessern.......... 52
5.3.7 Weitere Ergebnisse.. 52
5.3.8 Schlussfolgerungen für das hier vorgestellte Modell................................. 54

6 Fazit und Ausblick **55**

7 Ausblick **57**

Teil II Wettbewerbsvorteil Wissen **59**

1 Einleitung **61**

Wissen als Wettbewerbsfaktor 62

2 Begrifflichkeiten (Einführung in die Thematik) **65**
2.1 Daten, Information und Wissen.. 65
2.2 Implizites und explizites Wissen 67
2.3 Kollektives Wissen... 67
2.4 Zusammenfassung 68

3 Wissensmanagement **69**
3.1 Wissensmanagementkernaktivitäten des Europäischen Leitfadens zur erfolgreichen Praxis im Wissensmanagement 70
3.1.1 Wissen identifizieren 70
3.1.2 Wissen erzeugen 71
3.1.3 Wissen speichern 74
3.1.4 Wissen teilen 76

3.1.5   Wissen nutzen.. 77
3.1.6   Wissenscontrolling.. 78

3.2   Zusammenfassung 79

4   Begriffliche Definition von Unternehmensgröße   81

5   Begriffliche Definition von Branche   83

6   Begriffliche Definition von Informationsberuf / Wissensarbeiter   91

**7   Einfluss von Branche und Unternehmensgröße auf
          das Wissensmanagement   93**

7.1   Einflüsse der Branche auf die Kernaktivitäten des Wissensmanagements 97

7.1.1   Methoden der Kernaktivität Wissen identifizieren 97
7.1.2   Methoden der Kernaktivität Wissen erzeugen 99
7.1.3   Methoden der Kernaktivität Wissen speichern 102
7.1.4   Methoden der Kernaktivität Wissen teilen..104
7.1.4.1 Methoden des Wissenscontrollings..106

7.2   Der Einflussfaktor Unternehmensgröße..106
7.2.1   Einflüsse der Unternehmensgröße auf die Kernaktivitäten
          des Wissensmanagements...107
7.2.1.1 Methoden der Kernaktivität Wissen identifizieren 107
7.2.1.2 Methoden der Kernaktivität Wissen erzeugen 108
7.2.1.3 Methoden der Kernaktivität Wissen speichern 111
7.2.1.4 Methoden der Kernaktivität Wissen teilen..113
7.2.1.5 Methoden des Wissenscontrollings..115

7.3   Zusammenfassung 115
          Verdichtung zu Kernaktivitäten und Hypothesen 115

8   Erhebung   119

8.1   Erhebungsmethode...119

8.2   Untersuchungsobjekt 120

8.3   Ergebnisse der Umfrage..120

8.4   Prüfung der Hypothesen 122
8.4.1   Hypothesen zu der Kernaktivität Wissen identifizieren...131
8.4.2   Hypothesen zu der Kernaktivität Wissen erzeugen...133
8.4.3   Hypothesen zu der Kernaktivität Wissen speichern..137
8.4.4   Hypothesen zu der Kernaktivität Wissen teilen 139
8.4.5   Hypothesen zu Wissenscontrolling..142

8.5   Zusammenfassung 144
          Wissen und Wettbewerbsvorteile realisieren und messen 147

9   Fazit   151

10   Ausblick   153

Literaturverzeichnis   155

Anhang   159

Stichwortverzeichnis   161

Abbildungsverzeichnis

Abbildung 1:   Vergleich Gesamtinformationsmenge und exemplarische
                 Informationseinheit 4
Abbildung 2:   Differenzierung von Zeichen, Daten, Information und Wissen 7
Abbildung 3:   Semiotik 8
Abbildung 4:   Explizites und Implizites Wissen im SECI-Modell 10
Abbildung 5:   Wechselwirkung von Information und Wissen durch Externalisierung
                 und Internalisierung 11
Abbildung 6:   Wissenstreppe 13
Abbildung 7:   Kritische Erfolgsfaktoren 16
Abbildung 8:   Strategiehierarchie 18
Abbildung 9:   Modell des Informationslebenszyklus 19
Abbildung 10:   Innerer Kreislauf des Informationslebenszyklus 21
Abbildung 11:   Rudimentäre Archivierungsentscheidungsprozess 26
Abbildung 12:   Beispiel Klassifikation 28
Abbildung 13:   Beispiel Thesaurus 28
Abbildung 14:   Beispiel Ergebnismenge Volltextindexierung 29
Abbildung 15:   Schema Speicherung und Bereitstellung 30
Abbildung 16:   Modell des Wissensmanagements 32
Abbildung 17:   Die Wissensprozesse 33
Abbildung 18:   Modell des Informationsmanagement 35
Abbildung 19:   Informationsbedarfe, Informationsangebot, Informationsstand und
                 Informationsnachfrage 36
Abbildung 20:   Strategische Rolle von Informationen 37
Abbildung 21:   Informationsquellen 39
Abbildung 22:   Unternehmensgröße 45
Abbildung 23:   Wird beim Management von Informationen der Inhalt der
                 Informationen berücksichtigt? 45
Abbildung 24:   Würden Sie eine solche inhaltliche Prüfung für nützlich einschätzen um
                 die Qualität der Informationen in Ihrem Unternehmen zu verbessern? 46
Abbildung 25:   Verfügt Ihr Unternehmen über eine IT-Strategie? 47
Abbildung 26:   Falls ja in wie weit wird ihr im täglichen Handeln Rechnung getragen? .. 47
Abbildung 27:   Verfügt Ihr Unternehmen über eine Informationsstrategie? 48
Abbildung 28:   Falls ja in wie weit wird ihr im täglichen Handeln Rechnung getragen? .. 48
Abbildung 29:   Gibt es in Ihrem Unternehmen eine organisationelle Verzahnung von
                 Informationsmanagement mit anderen primär informationsschaffenden
                 Bereichen? 49
Abbildung 30:   Würden Sie eine solche Verzahnung für nützlich einschätzen um die
                 Informationsversorgung in Ihrem Unternehmen zu verbessern? 50

Abbildung 31:   In welche Ordnungssystematik werden Informationen in Ihrem
                 Unternehmen eingepflegt?.. 51
Abbildung 32:   Reduzierung der Gesamtmenge an Informationen zur Verbesserung der
                 Informationsversorgung... 52
Abbildung 33:   Wie würden Sie die Qualität der Informationsversorgung in Ihrem
                 Unternehmen bewerten? 53
Abbildung 34:   Aggregierte Antwort.. 53
Abbildung 35:   Halten Sie eine Differenzierung von Daten, Information und Wissen
                 für nötig? 54
Abbildung 36:   Wettbewerbsfähigkeitsindex durch Wissen und Information.................. 55
Abbildung 37:   Wissenstreppe nach North 66
Abbildung 38:   Kernaktivitäten des Wissensmanagement 79
Abbildung 39:   KMU-Definition 81
Abbildung 40:   Drei-Sektoren-Modell.. 86
Abbildung 41:   Zustandekommen des Vier-Sektoren-Modells 86
Abbildung 42:   Das Vier-Sektoren-Modell 87
Abbildung 43:   Kombiniertes Vier-Sektoren-Modell 90
Abbildung 44:   Verteilung der Unternehmensgröße...121
Abbildung 45:   Anteil der Wissensarbeiter im Unternehmen..121
Abbildung 46:   Verteilung der Unternehmen auf Sektoren 122
Abbildung 47:   Position der Befragten im eigenen Unternehmen 122
Abbildung 48:   Die organisierte Durchführung des Wissensmanagements von
                 Unternehmen unterschiedlicher Größe 123
Abbildung 49:   Die organisierte Durchführung des Wissensmanagements in
                 verschiedenen Sektoren 123

Tabellenverzeichnis

Tabelle 1:   Erfolgskritische Informationen 9

Tabelle 2:   Informationsquellen und Informationsressourcen................................. 12

Tabelle 3:   Quellen für KEF 17

Tabelle 4:   Ebenen des Informationslebenszyklus....................................... 20

Tabelle 5:   Aufbereitungsoptionen.. 22

Tabelle 6:   Beispiele Einflussfaktoren für die Medien-Weiterleitungswahl 23

Tabelle 7:   Kriterien für die Qualitätseinschätzung von Information 25

Tabelle 8:   CIN und POIN 31

Tabelle 9:   Strategische Rolle von Informationen....................................... 37

Tabelle 10:   Matrix Informationsnachfrage und Informationsangebot 38

Tabelle 11:   Zur Befragung eingeladene Unternehmen 42

Tabelle 12:   Unternehmensgrößen... 44

Tabelle 13:   Freitextantworten... 51

Tabelle 14:   Klassifikation der Wirtschaftszweige 2008 89

Tabelle 15:   Gründe für die organisierte Durchführung von Wissensmanagement in
                verschieden großen Unternehmen.......................................126

Tabelle 16:   Gründe für die organisierte Durchführung von Wissensmanagement in
                den Sektoren 128

Tabelle 17:   Ergebnisse der theoretischen und literarischen Untersuchung der
                Wissensmanagementkernaktivitäten und ihrer Methoden 129

Tabelle 18:   Durchführung und Intensität der Durchführung der
                Wissensmanagementkernaktivität Wissen identifizieren.......................131

Tabelle 19:   Durchführung und Intensität der Methoden der Kernaktivität Wissen
                identifizieren, Teil 1..133

Tabelle 20:   Durchführung und Intensität der Methoden der Kernaktivität Wissen
                identifizieren, Teil 2..133

Tabelle 21:   Durchführung und Intensität der Durchführung der
                Wissensmanagementkernaktivität Wissen erzeugen............................134

Tabelle 22:   Durchführung und Intensität der Methoden der Kernaktivität Wissen
                erzeugen, Teil 1 135

Tabelle 23:   Durchführung und Intensität der Methoden der Kernaktivität Wissen
                erzeugen, Teil 2 136

Tabelle 24:   Durchführung und Intensität der Methoden der Kernaktivität Wissen
                erzeugen, Teil 3 136

Tabelle 25:   Durchführung und Intensität der Methoden der Kernaktivität Wissen
                erzeugen, Teil 4 136

Tabelle 26:   Durchführung und Intensität der Durchführung der Kernaktivität
                Wissen speichern 137

Tabelle 27:   Durchführung und Intensität der Methoden der Kernaktivität Wissen
                 speichern, Teil 1 139
Tabelle 28:   Durchführung und Intensität der Methoden der Kernaktivität Wissen
                 speichern, Teil 2 139
Tabelle 29:   Durchführung und Intensität der Durchführung der Kernaktivität
                 Wissen teilen 140
Tabelle 30:   Durchführung und Intensität der Methoden der Kernaktivität Wissen
                 teilen, Teil 1 141
Tabelle 31:   Durchführung und Intensität der Methoden der Kernaktivität Wissen
                 teilen, Teil 2 141
Tabelle 32:   Durchführung und Intensität der Durchführung der Kernaktivität
                 Wissenscontrolling 142
Tabelle 33:   Durchführung und Intensität der Methoden der Kernaktivität
                 Wissenscontrolling 144
Tabelle 34:   Hypothesen im Überblick Organisiertes Durchführen von
                 Wissensmanagement 145
Tabelle 35:   Beispiele für Aufbewahrungsfristen 160

Abkürzungsverzeichnis

Abb.	Abbildung
Aufl.	Auflage
B2B	Business to Business
B2C	Business to Consumer
Bd.	Band
BSC	Balanced Scorecard
bspw.	beispielsweise
bzw.	beziehungsweise
CEN/ISSS	Comité Européen de Normalisation/Information Society Standardization System
CoPs	Communities of Practice
DAX	Deutscher Aktienindex
DIN	Deutsches Institut für Normung e. V.
DMS	Dokumenten-Management-Systeme
ebd.	ebenda
et al.	et alii, und andere
etc.	et cetera, und so weiter
EU	Europäische Union
evtl.	eventuell
F&E	Forschungs- und Entwicklungsabteilung
ff.	und folgende
FuE	Forschung und Entwicklung
gem.	gemäß
ggf.	gegebenenfalls
GuV	Gewinn- und Verlustrechnung
HGB	Handelsgesetzbuch
Hrsg.	Herausgeber
lf.	laufende
ISO	International Organization for Standardization
IT	Informationstechnologie
KEF	Kritischer Erfolgsfaktor
KMU	Kleine und mittlere Unternehmen
M&A	Mergers & Acquisitions
NACE	Nomenclature statistique des activités économiques dans la Communauté européenne
MB	Megabyte
Nr.	Nummer
o.g.	oben genannten

PDF	Portable Document Format, ein Dateiformat
o.g.	oben genannten
o. J.	ohne Jahr
o. S.	ohne Seite
o.ä.	oder ähnlich
PR	Public Relation
S.	Seite
s.	siehe
s.a.	siehe auch
s.o.	siehe oben
Tab.	Tabelle
u.ä.	und ähnliche(s)
u.a.	unter anderem
u.a.	unter anderem
u.U.	unter Umständen
USP	Unique Selling Proposition
usw.	und so weiter
vgl.	vergleiche
vs.	Versus, gegen
WZ	Wirtschaftszweig
z.B.	zum Beispiel

Teil I
Wettbewerbsvorteil Information

Jens Brodersen

1 Einleitung

Informationen gewinnen seit Jahren an Bedeutung. Wissenschaft, Politik und Presse sprechen von unserer Gesellschaft als Informationsgesellschaft und in der Volkswirtschaftslehre wird Information häufig zum vierten Produktionsfaktor neben den klassischen Arbeit, Boden und Kapital erhoben.[5]

Für Unternehmen steigt die Bedeutung von Informationen ebenfalls an. Globaler Wettbewerb, kürzere Innovationszyklen, dynamische Kapitalmärkte, neue Absatzmärkte, anspruchsvollere Kunden und neue Medien sind nur einige Aspekte einer komplexeren Wirtschaft, die die Faktoren Information und Informationsvorsprung zu entscheidenden Größen erheben.[6] Informationen dienen den Unternehmen nicht mehr nur als Grundlage für Entscheidungen, sondern auch als Teil von Produkten oder Teil des Erstellungsprozesses und plausibler Weise als Grundlage für Innovation von neuen Produkten.[7]

Durch das Internet und die zunehmende Digitalisierung wurde der Zugang zu Informationen deutlich erleichtert und die gefallenen Speicherkosten ermöglichen es jedem Unternehmen selbst große Informationsbestände anzulegen.[8]

Parallel wird jedes Jahr mehr Information produziert, 2000 produzierte jeder Mensch der Erde statistisch 250 MB an Information, 2003 waren es bereits 800 MB[9]. Die folgende Grafik verdeutlicht dies, indem die weltweite Menge an Informationen exemplarisch, mit einer entscheidungsrelevanten Information in Verbindung gebracht, dargestellt wird.

[5] Baßeler, Ulrich; Grundlagen und Probleme der Volkswirtschaft; Wirtschaftsverlag Bachem; Köln; 1991; S. 44.

[6] Picot, A., Reichwald, R., Wigand, T.; Die grenzenlose Unternehmung; Gabler; München; 2000; S. 60–76.

[7] Porter, M.E.; Millar, V.E.; How information gives you competitive advantage; Harvard Business Review; Boston; 1985; S. 153.

[8] Gaus W.; Dokumentations-und Ordnungslehre; Springer; Berlin, Heidelberg usw.; 2000; S. 12–13.

[9] Lyman, Peter, Varian, Hal R.; How Much Information 2003?; Berkeley; 2003; S. 2,
http://www.sims.berkeley.edu/research/projects/how-much-info-2003/printable_report.pdf
(Zugriff am 23.09.2007).

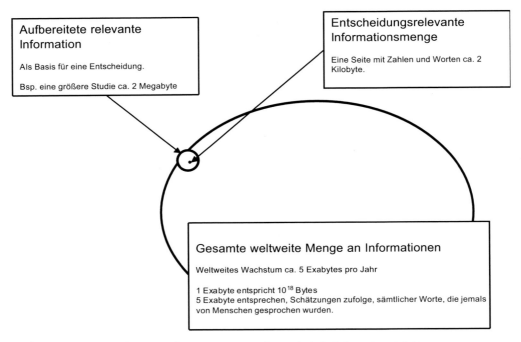

Abbildung 1:   Vergleich Gesamtinformationsmenge und exemplarische Informationseinheit
Quelle: Eigene Darstellung in Anlehnung an Krcmar, H.; Informationsmanagement; Springer; Berlin, Heidelberg usw.; 2004; S. 53 und Lyman, Peter, Varian, Hal R.; How Much Information 2003?; Berkeley; 2003 http://www.sims.berkeley.edu/research/projects/how-much-info-2003/printable_report.pdf (Zugriff am 23.09.2007)

Wenn Informationen also für Unternehmen wichtig und gleichzeitig in kaum überschaubarem Maße[10] vorhanden sind, ist es notwendig nach Möglichkeiten zu suchen, Informationen sinnvoll zu managen.

Im Übrigen kein neues Problem, schon 1982 beschrieb Levitan den Einsatz eines Lebenszyklus der Informationsproduktion[11] und Eli Noam prognostizierte 1987

> *"The real issue for future technology does not appear to be production of information, and certainly not transmission. Almost anybody can add information. The difficult question is how to reduce it."[12]*

Informationen zu managen ist, aufgrund der spezifischen Charakteristika, auf die später eingegangen wird, eine Herausforderung die nicht durch den Einsatz von Informationstechnik

---

[10]   Ein Beispiel aus Becker, J.; Handelscontrolling; Springer; Berlin, Heidelberg usw.; 2006; S. 31 „Wal-Mart besaß [...] bereits 1999 ein Data Warehouse mit einer Kapazität von 101 Terabyte, was etwa dem doppelten Speicherplatz von dem nächst größeren Data Warehouse in der Fortune-500-Rangliste bietet. Das riesige Wal-Mart-Datenlager erhielt schon Ende der 90er-Jahre bis zu 8,4 Millionen Datenaktualisierungen pro Minute. Zum Vergleich: Ein Terabyte Datenspeicher genügt, um rund 250 Millionen Textseiten abzuspeichern. [...] Die große Menge an Informationen kann auch zur Informationsüberlastung des Managements führen."

[11]   Levitan, K.B.; Information Resources as "Goods" in the Life Cycle of Information. Production; Journal of the American Society for Information Science; Silver Spring; 1982; S. 44–54.

[12]   Krcmar, H.; Informationsmanagement; Springer; Berlin, Heidelberg usw.; 2004; S. 69.

direkt zu lösen ist.[13] Daher wird im Rahmen dieser Diplomarbeit Informationstechnik als Unterstützungsfunktion behandelt und nicht näher untersucht.

Information als Wettbewerbsvorteil?

Informationen sind heute in großer Anzahl verfügbar und lassen sich komfortabel übersenden, teilen, zugänglichmachen, ergänzen und verarbeiten.

Da Informationen aber für alle Marktteilnehmer gleichermaßen leichter zugänglich geworden sind, lässt sich aus dem reinen Zugang zu Information kein nachvollziehbarer Wettbewerbsvorteil mehr realisieren. Und aus einem großen Informationsbestand lässt sich kein außerordentlicher Nutzen generieren, wenn die Information nicht mit vertretbarem Aufwand im Informationsbestand aufgefunden und eingesetzt werden kann.

Ein Wettbewerbsvorteil im Zusammenhang mit Information lässt sich plausibler Weise nur dann realisieren, wenn die erfolgskritische Information im Gegensatz zum Wettbewerber besser identifiziert, beschafft oder selbst geschaffen und eingesetzt werden kann. Daher ist ein Informationsmanagement von Nöten, das den Inhalt der Information in den Mittelpunkt des Handelns stellt und mit anderen primär informationsschaffenden Managementbereichen verbunden ist.[14]

Um Informationen zu managen, also unter anderem auch die nützlichen von den unnützen Informationen zu trennen, ist es notwendig sich der Ressource Information mit einer inhaltlich und zweckorientierten Perspektive anzunähern und ins besonders die erfolgskritischen Informationen priorisiert zu managen.

Das folgende Modell eines holistischen Informationslebenszyklus soll es ermöglichen Informationen nach dem Inhalt zu managen und sich als Prozess in die wesentlichen informationsschaffenden und -nutzenden Managementfunktionen integrieren. Gleichzeitig soll dadurch erreicht werden die Wettbewerbsvorteile durch Informationen zu nutzen.

---

[13] Gaus W.; Dokumentations-und Ordnungslehre; Springer; Berlin, Heidelberg usw.; 2000; S. 354.
[14] Stock, W.; Informationswirtschaft; Oldenbourg; Wien, München usw.; 2000; S. 33.

2 Grundlagen

2.1 Zeichen, Daten, Informationen

Um die folgenden Grundbegriffe und deren Zusammenhänge deutlicher darzustellen, wird folgendes, angepasstes Modell verwendet. Das Modell in Anlehnung an North und Krcmar zeigt die Entwicklung von Zeichen zu Wissen auf und zeigt jeweils ein Beispiel:

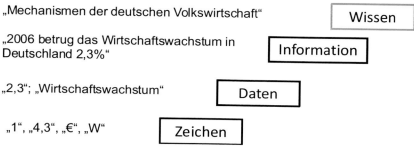

Abbildung 2:   Differenzierung von Zeichen, Daten, Information und Wissen
Quelle: Eigene Darstellung in Anlehnung an North, K.; Wissensorientierte Unternehmensführung; Gabler; Wiesbaden; 1999; S. 41 und Krcmar, H.; Informationsmanagement, Springer; Berlin, Heidelberg usw.; 2004; S. 14

Unter Zeichen verstehen wir den gesamten Zeichenvorrat, also die verschiedenen Zeichensätze, die dem Menschen helfen seine Umwelt, Zustände und Sachverhalte zu bezeichnen. Zeichen bilden die Grundlage jeglicher Datenmenge. Dabei kann es sich bei Zeichen sowohl um Buchstaben, Zahlen als auch Sonderzeichen handeln.[15]

Zeichen werden durch Syntax zu Daten, daher sind Daten Zeichenketten die durch Syntaxregeln einen Sinn ergeben.[16]

Die Definition von Bodrow und Bergmann[17] erscheint zweckdienlich:

Unter Daten verstehen wir schriftlich, akustisch oder bildlich ausgedrückte, wirkliche oder gedachte Sachverhalte. Sie bestehen aus Zeichen-, Signal- oder Reizfolgen und sind objektiv wahrnehmbar und verwertbar.

---

[15]   Krcmar, H.; Informationsmanagement; Springer; Berlin, Heidelberg usw.; 2004; S. 14–15.
[16]   Krcmar, H.; Informationsmanagement; Springer; Berlin, Heidelberg usw.; 2004; S. 14–15.
[17]   Bodrow, W., Bergmann P.; Wissensbewertung in Unternehmen; Erich Schmidt Verlag; Berlin; 2003; S. 16.

Durch den Kontext entsteht aus Daten Information. Der Begriff Information kann durch verschiedene Betrachtungsperspektiven vollkommen unterschiedlich definiert sein.[18]

Entscheidend ist für ein Unternehmen aber der Zweck der Information, also die Pragmatik, für die tatsächliche Nutzenstiftung im Unternehmenskontext. Pragmatik ist hier als Teilaspekt der Semiotik zu verstehen, der allgemeinen Lehre die sich mit Zeichen und Zeichenketten unter den Gesichtspunkten Syntaktik, Semantik, Sigmatik und Pragmatik auseinandersetzt.[19] Die Syntaktik bezieht sich auf die Beziehungen zwischen verschiedenen Zeichen, also auf die Regeln eines Sprachsystems in dem sich Zeichen zu allgemeingültigen Worten und Wortfolgen kombinieren lassen. Die Semantik betrachtet die inhaltliche Bedeutung kombinierter Zeichen und untersucht die Relation zwischen den Zeichenketten und ihrer Bedeutung sowie die Relation von den Zeichenketten und dem Bezeichneten als Sigmatik.

Die Pragmatik untersucht die Beziehung zwischen den Zeichenketten und der kontextuellen Absicht des Informationsübertragenden.[20]

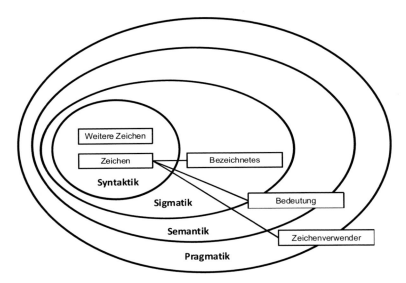

Abbildung 3:   Semiotik
Quelle: Eigene Darstellung in Anlehnung an Berthel, J.; Information; in: Grochla, E., Wittmann, W.;
                 Handwörterbuch der Betriebswirtschaft; Schäffer-Poeschel; Stuttgart; 1975; S. 1869

Informationen besitzen charakteristische Eigenschaften von denen einige hier genannt werden sollen:

- Informationen sind immaterielle Güter, welche sich auch bei mehrmaliger Nutzung nicht verbrauchen.[21] Auch ein mehrfacher Besitz ist möglich.[22]

---

18 Gaus W.; Dokumentations-und Ordnungslehre; Springer; Berlin, Heidelberg usw.; 2000; S. 17–19.
19 Krcmar, H.; Informationsmanagement; Springer; Berlin, Heidelberg usw.; 2004; S. 33ff.
20 ebd.
21 Picot, A., Reichwald, R., Wigand, T.; Die grenzenlose Unternehmung; Gabler; München; 2000; S. 60.
22 Krcmar, H.; Informationsmanagement; Springer; Berlin, Heidelberg usw.; 2004; S. 35.

- Informationen werden durch Kommunikation und stets kodiert übertragen. Daher bedarf es eines vereinbarten Standards auf beiden Seiten um verstanden zu werden.[23]
- Informationen brauchen stets ein Trägermedium.[24]
- Der Wert von Informationen ist schwer bestimmbar.[25]
- Informationen haben sehr niedrige Vervielfältigungskosten.[26]

Es lässt sich also schließen, dass Daten zwar Bedeutungen darstellen die aber nicht unmittelbar zweckorientiert sind, Informationen hingegen in Handlungskontexten zweckorientiert verwendet werden.[27] Daher lässt sich zusammenfassen:

Eine Information ist eine inhaltlich definierte Menge an Daten, die subjektabhängig eine Bedeutung trägt und einem Zwecke dient.

Die erfolgskritischen Informationen im Unternehmenskontext werden von Stock wie folgt klassifiziert.[28]

- Informationen zur Entscheidungsvorbereitung.
- Informationen zum Schließen von Wissenslücken.
- Informationen zur Frühwarnung.

Diese Klassifizierung kann in ihrer inneren Logik nicht vollständig überzeugen. Sowohl Informationen für Entscheidungen als auch Informationen zur Frühwarnung sind auch Informationen zum Schließen von Wissenslücken. Informationen zur Frühwarnung sind auch Informationen zum Schließen von Wissenslücken und können Informationen für Entscheidungen sein. Informationen für Entscheidungen sind Informationen zum Schließen von Wissenslücken und können Informationen zur Frühwarnung sein.

Aufgrund dieser Austauschbarkeit und mangelnden Trennschärfe der Klassen wird statt dieser Klassifizierung die nun folgende verwendet.

Tabelle 1: *Erfolgskritische Informationen*

Erfolgskritische Informationen		Nicht-erfolgskritische Informationen
Strategisch-kritisch	**Operativ-kritisch**	**Basisinformationen**
Alle Informationen die benötigt werden um die strategische Planung zu ermöglichen.	Alle Informationen die benötigt werden um Geschäftsprozesse zu ermöglichen.	Alle restlichen Informationen die nicht Teil der vorgenannten Klassen sind.
Beispiel: Marktprognose	Beispiel: Forschungsbericht	Beispiel: Jahresabschluss aus der vorherigen Periode

Quelle: *Eigene Darstellung*

---

[23] Picot, A., Reichwald, R., Wigand, T.; Die grenzenlose Unternehmung; Gabler; München; 2000; S. 63ff.

[24] Gaus, W.; Dokumentations- und Ordnungslehre, Theorie und Praxis des Information Retrieval; Springer; Berlin, Heidelberg usw.; 2000; S. 21.

[25] Krcmar, H.; Informationsmanagement; Springer, Berlin, Heidelberg usw.; 2004, S. 35.

[26] Krcmar, H.; Informationsmanagement; Springer; Berlin, Heidelberg usw.; 2004; S. 35.

[27] Picot, A., Reichwald, R., Wigand, T.; Die grenzenlose Unternehmung. Information, Organisation und Management; München; 2000; S. 91.

[28] Stock, W.; Informationswirtschaft; Oldenbourg; Wien, München usw.; 2000; S. 32.

Die strategisch-kritischen Informationen sind all jene, die für oder bei der Unternehmensplanung und strategischen Entscheidungen benötigt werden. Die operativ-kritischen Informationen umfassen die Informationen, die für oder bei Geschäftsprozessen, also im operativen Tagesgeschäft, benötigt werden.[29] Die nicht-erfolgskritischen Basisinformationen sind die Informationen die nicht Teil der vorgenannten Klassen sind.

2.2   Wissen

Wissen bedeutet das Gesamt an Erkenntnissen und Fähigkeiten, die Individuen im täglichen Leben zur Bewältigung von Aufgaben einsetzen. Dieses Wissen bildet sich aus Daten und Information die im Individuum vernetzt werden[30] und ist daher an Personen gebunden.[31]

Wissen kann in Form gebracht, kodiert und als Information mitgeteilt und damit mit anderen Individuen geteilt werden. Daher wird in zwei Wissenskategorien unterschieden: Implizites Wissen und Explizites Wissen. Das SECI-Modell von Nonaka und Takeuchi[32] zeigt den Verlauf auf wie implizites und explizites Wissen in Transformationsprozessen durch das menschliche Handeln gewandelt werden.

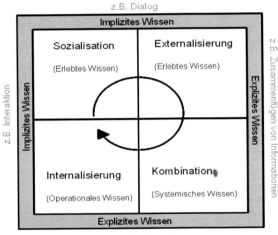

Abbildung 4:	*Explizites und Implizites Wissen im SECI-Modell*
Quelle:	*Eigene Darstellung in Anlehnung an: Nonaka, I., Takeuchi, H.; Die Organisation des Wissens; Campus; Frankfurt; 1997; S. 71 und Bodrow, W., Bergmann P.; Wissensbewertung in Unternehmen; Erich Schmidt Verlag; Berlin; 2003; S. 36 und Rehäuser, J., Krcmar, H.; Wissensmanagement im Unternehmen; In Schreyögg, G.; Conrad, P. (Hrsg.); Managementforschung (Bd. 6, S. 1–40); Berlin usw.; de Gruyter; 1996; S. 34*

---

[29]   Hierbei sollte klar zwischen Daten und Informationen getrennt werden. Im Operativen verwendete Daten, wie z.B. Kundendaten, fallen, als Daten, nicht in diese Klasse.

[30]   Vernetzung beispielsweise mit Interpretationen, Erfahrungen oder Gefühlen.

[31]   Bodrow, W.; Bergmann P.; Wissensbewertung in Unternehmen. Bilanzieren von intellektuellem Kapital; Erich Schmidt Verlag; Berlin; 2003; S. 36.

[32]   Nonaka, I., Takeuchi, H.; Die Organisation des Wissens; Campus; Frankfurt; 1997 S. 71.

Zwischen externalisiertem, also nach-außen-verlagertem, explizitem Wissen und Information gibt es keinen belegten Unterschied. Ebenso wie Information besteht es aus Daten, ist kontextabhängig, wird kodiert übertragen, ist an ein Medium gebunden, trägt eine Bedeutung und ist zweckorientiert.[33]

Da Wissen, wenn es externalisiert ist, sich von Information nicht unterscheidet, wäre es exakter bei explizitem Wissen von Information zu sprechen um eine klare Abgrenzung zwischen dem Wissensbegriff und Informationsbegriff zu schaffen. Im Folgenden wird dem Rechnung getragen und explizites Wissen als Information behandelt.[34]

Wissen und Information gehen so eine Wechselwirkung ein. Information die ein Mensch aufnimmt und verarbeitet (internalisiert) wird zu neuem Wissen. Wird Wissen in Form gebracht und externalisiert wird es zu Information.

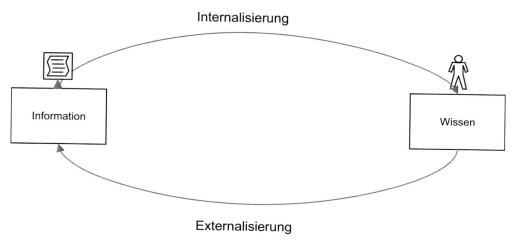

Abbildung 5: *Wechselwirkung von Information und Wissen durch Externalisierung und Internalisierung*
Quelle: *Eigene Darstellung*

2.3 Informationsquellen und Informationsressourcen

Ansammlungen von Informationen können in Informationsquellen und Informationsressourcen differenziert werden, wobei sich Informationsquellen und Informationsressourcen durch die Eigentumsverhältnisse unterscheiden. Informationen die sich innerhalb eines Unternehmens befinden werden Informationsressourcen genannt. Alle Ansammlungen von Informationen, die nicht Eigentum des Unternehmens sind, sind Informationsquellen, wobei es bei

---

[33] Wenn eine Person ihr implizites Wissen weitergeben möchte, bringt sie es in eine Form die von anderen verstanden werden kann (Schrift, Sprache) und kommuniziert ihr implizites Wissen als Information.
[34] Kuhlen, R.; Informationsethik; UTB; Konstanz; 2004; S. 157–173.

häufiger Verwendung von Informationsquellen sinnvoll sein kann, diese, oder Teile davon, ins Unternehmen[35], als dann ständige Informationsressource, zu integrieren.[36]

Tabelle 2:   *Informationsquellen und Informationsressourcen*

	Eigentum des Unternehmens	Nutzungshäufigkeit
Informationsquellen	Nein	Vereinzelt
Informationsressourcen	Ja	Mehrfach

Quelle: *Eigene Darstellung in Anlehnung an Krcmar, H.; Informationsmanagement; Springer; Berlin, Heidelberg usw.; 2004; S. 70–72*

---

[35] Wobei urheberrechtliche, organisatorische, ökonomische, technische, datensicherheits- und datenschutzrechtliche Faktoren mit zu berücksichtigen wären.

[36] Krcmar, H.; Informationsmanagement; Springer; Berlin, Heidelberg usw.; 2004; S. 70–72.

3 Wirkung von Informationen in Unternehmen und Informationslebenszyklus

Der Beitrag von Informationen zur gesamten Wertschöpfung eines Unternehmens lässt sich schwer bestimmen.[37] Informationen sind zwar Teil von Leistungs- oder Geschäftsprozessen, aber ihr Anteil an der Wertschöpfung dadurch lässt sich von den restlichen Leistungsbestandteilen nicht klar trennen. Ebenso wenig lassen sich die Folgekosten des Nicht-Informiert-Sein nicht klar bestimmen.

Wenn allerdings davon ausgegangen werden kann, dass Informationen integraler Bestandteil von Leistungs- oder Geschäftsprozessen sind und in einem dynamischen Wettbewerbsumfeld Informationen nötig sind um das unternehmerische Handeln zu optimieren, ist es plausibel, dass das informierte Unternehmen gegenüber dem nicht-informierten Unternehmen einen Wettbewerbsvorteil genießt. Bei Wissen verhält es sich ähnlich, auch hier ist eine unmittelbare Zurechenbarkeit zur Wertschöpfung nicht möglich. Doch hier sind ebenfalls Unternehmen, deren Mitarbeiter über einen großen Wissensvorrat verfügen[38], sehr wahrscheinlich, durch diesen Wettbewerbsvorteil, den Unternehmen überlegen, die darüber nicht verfügen.[39]

Wie Information und Wissen im Zusammenhang für Unternehmen Nutzen stiften können zeigt das folgende Modell:

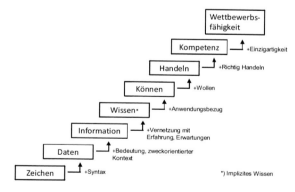

Abbildung 6:   Wissenstreppe
Quelle: Eigene Darstellung in Anlehnung an North, K.; Wissensorientierte Unternehmensführung; Gabler; Wiesbaden; 1999; S. 41

---

[37] Eine Sonderstellung nehmen hier Informationsgüter ein. Vergleiche hierzu Linde, F.; Ökonomie der Information; Universitätsverlag Göttingen; Göttingen; 2005; S. 6–11.
[38] Und dieser tatsächlich nutzbar gemacht werden kann z.B. durch Wissensmanagement.
[39] Picot, A., Reichwald, R., Wigand, T.; Die grenzenlose Unternehmung; Gabler; München; 2000; S. 36ff.

Es erscheint im Unternehmenskontext daher sinnvoll Informationen zu managen.

Wenn allerdings Informationen für alle Marktteilnehmer gleich zugänglich sind, kann durch Information kein Wettbewerbsvorteil gehoben werden. Selbst wenn ein Unternehmen über exklusive Informationen verfügt, bedeutet dies nur dann einen Wettbewerbsvorteil, wenn es die Informationen schneller zum Einsatz bringen als der Wettbewerber sie ebenfalls beschaffen oder erzeugen und dann einsetzen kann. Es gilt also das Informationsmanagement dahingehend zu optimieren, dass es im Unternehmen möglich ist, Informationen schneller zu identifizieren, zu beschaffen, selbst zu schaffen und einzusetzen als der Wettbewerber.

3.1   Lebenszyklus

Informationen durchlaufen während ihres Daseins einige Veränderungen, die gesamt betrachtet einem Lebenszyklus[40] ähneln. Informationen entstehen oder werden beschafft, stiften Nutzen, entwickeln sich unter Umständen weiter, bis sie weniger Nutzen stiftend in einem Archivraum verwahrt werden um am Ende des Zyklus gelöscht zu werden, womit das Dasein beendet wird. Wenn Informationen Veränderungen durchlaufen erscheint es plausibel, Informationen an einem Lebenszyklus orientiert zu managen, anstatt diese Veränderungen zu ignorieren und Speicherung und Bereitstellung in den Fokus zu stellen.[41]

3.2   Informationslebenszyklus-Modell

Lebenszyklen für Informationen wurden bereits unterschiedlich definiert und aufgebaut. Levitan beispielsweise erstellte 1982 einen Lebenszyklus für Informationsgüter.[42] Informationslebenszyklen neueren Datums sind Modelle, die die Datenhaltung optimieren sollen, also eher Datenlebenszyklen.[43] Ziel dabei ist es in den meisten Fällen Kosten zu senken[44] und Rechts- und Revisionssicherheit[45] zu erreichen, aber nicht den Einsatz von erfolgskritischen Informationen im Unternehmenskontext zu verbessern.[46]

Daher wird im Folgenden ein Informationslebenszyklus vorgestellt, der zum Ziel hat, das Management von Informationen im Unternehmenskontext strukturiert zu organisieren und zu optimieren um die mit der Ressource Information verbundenen Wettbewerbsvorteile zu heben.

Hierbei werden die Prozesse die mit den Veränderungen von Informationen im Lebenszyklus in Verbindung stehen abgebildet sowie die zugehörigen Managementbereiche beschrieben.

---

[40]   Campbell, N., Reece, J., Markl J.; Biologie; Spektrum-Verlag; Heidelberg, Berlin usw.; 2003; S. 1380–1383.

[41]   Picot, A., Reichwald, R., Wigand, T.; Die grenzenlose Unternehmung; Gabler; München; 2000; S. 194–195.

[42]   Levitan, K.B.; Information Resources as „Goods" in the Life Cycle of Information Production; Journal of the American Society for Information Science; Silver Spring; 1982; S. 44–54.

[43]   Born, S. et.al.; Leitfaden zum Thema „Information Lifecycle Management"; Berlin; 2004; S. 4
        http://www.bitkom.org/files/documents/BITKOM_Leitfaden_ILM__Stand_21-04-2004.pdf
        (Zugriff am 02.08.2007).

[44]   Durch die Verlagerung von Daten am Ende des Lebenszyklus auf günstigere Speichermedien.

[45]   Bestimmte Daten müssen aufgrund von Rechtsgrundlagen auf bestimmte Art und für einen bestimmten Zeitraum gelagert und vorgehalten werden. Im Anhang dazu eine Übersicht ausgewählter Rechtsnormen und Aufbewahrungsfristen.

[46]   Thome, G., Sollbach, W.; Information Lifecycle und Information Lifecycle Management; Springer; Berlin; 2007; Seite 107–137, s.a. Heinrich, L.J.; Informationsmanagement; Oldenbourg; München, Wien usw.; 1999; S. 234–238.

4 Informationslebenszyklus

Der Informationslebenszyklus besteht aus zwei Teilen:

- Der Informationsstrategie
- Dem Modell des Informationslebenszyklus

4.1 Strategie

Der Begriff Strategie, im Kontext der strategischen Unternehmensführung, wird verschieden definiert. Hungenberg definiert Strategie wie folgt:

> *Wir verstehen Strategie als das wichtigste Element der strategischen Unternehmensführung. Sie bestimmt die grundsätzliche Ausrichtung eines Unternehmens im Markt, und sie legt fest, welche Ressourcen dazu innerhalb des Unternehmens aufgebaut und eingesetzt werden sollen. Damit schafft sie die Voraussetzungen, um die normativen Ansprüche an die Entwicklung des Unternehmens langfristig erfüllen zu können. Als Element der strategischen Unternehmensführung kann sie näher durch die allgemeinen Merkmale strategischer Entscheidungen gekennzeichnet werden.* [47]

Eine Unternehmensstrategie setzt also auf Planung beruhende, eher langfristig orientierte, Ziele, an denen sich das operative Handeln des Unternehmens ausrichtet.

Wenn diese Ziele Bedarfe für Informationen vermuten lassen, ist es plausibel, diese möglichen und zukünftigen Informationsbedarfe ebenfalls zu planen. [48]

Basis und Grundvoraussetzung für den Einsatz des folgenden Informationslebenszyklus bildet eine umfassende Informationsstrategie. Da das Management der Ressource Information wirtschaftlich rational und im Rahmen der Unternehmensziele erfolgen soll, ist sie als Derivat der Unternehmensstrategie Grundvoraussetzung um ein Informationsmanagement zu ermöglichen. Im Kern sollte sie plausibler Weise die jetzigen und die möglichen zukünftigen Informationsbedarfe für erfolgskritische Informationen als Ziele und die in Frage kommenden jetzigen und möglichen zukünftigen Informationsquellen darstellen.

---

[47] Hungenberg, H; Grundlagen der Unternehmensführung; Springer; Nürnberg; 2005; S. 109 ff. siehe auch Hungenberg, H.: Strategisches Management in Unternehmen; Springer; Wiesbaden; 2004; S. 4 ff.
[48] Blum, E.; Grundzüge anwendungsorientierter Organisationslehre; Oldenbourg; München; 2000; S. 6–31.

4.1.1   Methode zur Erstellung einer Informationsstrategie

Zur Ermittlung der möglichen Bedarfe von erfolgskritischen Informationen empfiehlt sich die Ermittlung der kritischen Erfolgsfaktoren (folgend KEF).[49]

Der Vorteil der Methode der kritischen Erfolgsfaktoren zur Bedarfsermittlung liegt darin, dass es auch häufig bereits in der strategischen Planung eingesetzt wird. An dieser Stelle kann also das bereits etablierte Verfahren, erweitert um die ergänzenden Fragen zum Informationsbedarf, eingesetzt werden.

Die Methode der Kritischen Erfolgsfaktoren nach Rockardt stellt sich wie folgt dar.

Kritische Erfolgsfaktoren beziehen sich auf eine begrenzte Anzahl von Arbeitsbereichen. Gute Resultate in diesen Bereichen sind ausschlaggebend für ein Individuum, eine Abteilung oder eine Organisation, um erfolgreich im Wettbewerb zu bestehen.[50]

Die Methode der Kritischen Erfolgsfaktoren hat den Anspruch, generell und unabhängig vom Erhebungssubjekt, die entscheidenden Erfolgsfaktoren für das Erreichen von Zielen zu identifizieren.

Die folgende Grafik verdeutlicht die Logik des Verfahrens der KEF-Ermittlung.

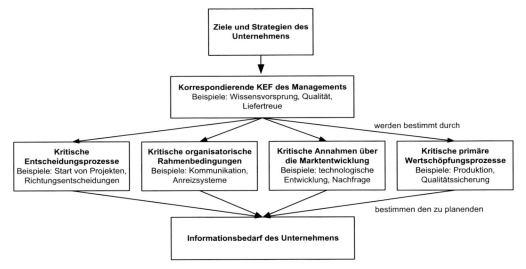

Abbildung 7:	*Kritische Erfolgsfaktoren*
Quelle:	*Eigene Darstellung in Anlehnung an Picot, A.; Die Planung der Unternehmensressource „Information", In 2. Internationales Management-Symposium Erfolgsfaktor Information, Diebold Deutschland GmbH (Hrsg.); Frankfurt; 1988; S. 247*

---

[49]   Krech, J.; Grundriß der strategischen Unternehmensplanung; Oldenbourg; München; 2000; S. 63–73.

[50]   Bullen, C.; Rockart, J.F.; A Primer on Critical Success Factors; Center for Information Systems Research Sloan School of Management MIT; Cambridge; 1981; S. 7, s.a. Rockart, J.F.; Chief Executives define their own data needs; In Harvard Business Review March-April; Boston; 1979; S. 85.

Zur Ermittlung der KEF empfiehlt Rockart ein mehrstufiges Interviewverfahren bei dem Führungskräfte nach ihren kritischen Erfolgsfaktoren und dem dazugehörigen Informationsbedarf für ihren jeweiligen Bereich befragt werden.

Neben der jeweils subjektiven und auf eine durch den jeweiligen Managementbereich abgesteckten Betrachtung werden die KEF noch durch verschiedene Dimensionen beeinflusst:

Tabelle 3:   *Quellen für KEF*

Intern/Extern	KEF innerhalb der eigenen Organisation oder außerhalb. Beispielweise Konjunktur extern, motivierte Mitarbeiterschafft intern.
Aufbauend/Beobachtend	Aufbauend für KEF die anpassend oder aufbauend wirken und beobachtend für KEF die einen zu beobachtenden Charakter haben. Beispielsweise wäre Produktneuentwicklung ein aufbauender KEF wohingegen das Vertriebscontrolling ein beobachtender KEF wäre.
Branche	Unterschiedliche Branchen weisen spezifische Gegebenheiten aus, die KEF darstellen können. Beispielsweise: garantierte Einspeisevergütungen von Windkraftanlagenherstellern im Rahmen des Erneuerbare-Energien-Gesetz.
Strategie	Die Wettbewerbsstrategie und die Position im Markt können weitere KEF beinhalten. Beispiel: Marktführerschaft als kritischer Erfolgsfaktor.
Umwelt	Umweltfaktoren wie Gesellschaft, Politik, Konjunktur können zwar nicht durch das Unternehmen direkt beeinflusst werden, aber hier sind ebenfalls KEF zu finden. Beispielsweise erhöhte Nachfrage aufgrund verbesserter Konjunktur als kritischer Erfolgsfaktor.
Temporär	Temporäre Erfolgsfaktoren sind nur in Sonderfällen über einen begrenzten Zeitraum erfolgskritisch. Beispielsweise sehr hohe Lagebestände bei sprunghaft gestiegener Nachfrage für einen begrenzten Zeitraum.
Managementposition	Jede Managementposition birgt verschiedene Einsichten und charakteristische KEF in sich. Beispiel: Marketingverantwortlicher 2. Hierarchieebene wird andere KEF identifizieren als eine Personalverantwortlicher 1. Hierarchieebene.

Quelle: *Eigene Darstellung in Anlehnung an Krcmar, H.; Informationsmanagement; Springer, Berlin – Heidelberg usw.; 2004; S. 63–64*

Die im Interviewverfahren identifizierten KEF werden geordnet zur Abstimmung durch die Interviewpartner vorgelegt. Gerade solche KEF, die mehrfach genannt worden sind, haben eine starke Tendenz die für das Unternehmen relevanten KEF darzustellen.

Wenn sämtliche KEF endgültig ermittelt worden sind, lässt sich der dafür nötige Informationsbedarf und im Idealfalle auch die nötigen Informationsquellen identifizieren.

Für die Ermittlung des Informationsbedarfs bietet die Methode einige Vorteile:[51]

*   Es wird aufgrund des ganzheitlichen Ansatzes die Tendenz vermieden sich nur auf leicht zugängliche Informationsquellen zu konzentrieren und andere außer Acht zu lassen.
*   Den Interviewteilnehmern wird der Umgang mit Information stärker gegenwärtig und sie beschäftigen sich unter Umständen mehr mit dem objektiven Informationsbedarf.
*   Es werden auch Managementbereiche mit in Augenschein genommen, die möglicherweise im Alltagsgeschäft eher im Hintergrund stehen.

---

[51] Rockart, J.F.; Chief Executives define their own data needs; In Harvard Business Review March-April; Boston; 1979; S. 88.

- Durch die Fokussierung auf die wesentlichen Faktoren kann mit hoher Wahrscheinlichkeit der objektive Informationsbedarf[52] identifiziert werden.
- Bei regelmäßiger Ermittlung der KEF würde auch der Wandelbarkeit des Informationsbedarfs Rechnung getragen.

Durch diese Fokussierung kann das Informationsmanagement mit konkreteren Zielvorgaben arbeiten, da es die entscheidenden Bereichen die im Fokus stehen mit den benötigten Informationen versorgt, anstatt eine angenommene Vollversorgung anzustreben. Durch diesen Prozess ist es möglich, die jetzigen und zukünftigen Informationsbedarfe und auch die korrespondierenden in Frage kommenden Informationsquellen zu identifizieren. Wenn der KEF-Erhebungsprozess entsprechend gestaltet wird, ließen sich in dem Zuge auch Wissensziele identifizieren.

4.1.2 Informationsstrategie gegenüber anderen Strategieformen im Unternehmen

Wenn die Informationstechnologie (IT) die Aufgabe hat Geschäftsprozesse zu ermöglichen, sowie Kommunikation und Informationsfluss durch die technische Infrastruktur zu gewährleisten, ist es plausibel die IT-Strategie den Informationsbedarfen und dem Informationsbestand anzupassen und nicht die Informationen der Struktur. Daher sollte sich eine IT-Strategie nach den Rahmenbedingungen der Unternehmensstrategie und der Informationsstrategie richten, wenn sie zielgerichtet das Unternehmen und das Management der Ressource Information unterstützen soll.

Eine mögliche Wissensstrategie würde sich ebenfalls an der Informations- und Unternehmensstrategie orientieren. Da Informationen leichter zu beschaffen, zu speichern und zu integrieren sind als Wissen, ist diese Reihenfolge zielführender. Informationen, die sich voraussichtlich nicht beschaffen oder erzeugen lassen, könnten so durch Wissen beschafft werden, z.B. durch den Einsatz von Beratern, Kooperationen mit Hochschulen oder der Einstellung von entsprechenden Wissensträgern.

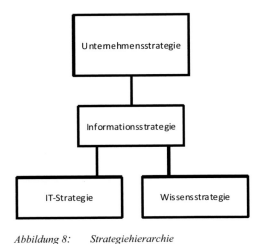

Abbildung 8:   Strategiehierarchie
Quelle: Eigene Darstellung

---

[52]   Die Informationen die tatsächlich im konkreten Falle Nutzen stiften könnten, s. Kapitel 4.2.2.3.

4.2   Modell des Informationslebenszyklus

Das Modell des Informationslebenszyklus folgt einen ganzheitlichen Ansatz, das nicht nur einen Aspekt aufzeigt oder den Fokus auf eine tiefere Detailebene legt, sondern den gesamten Lebensverlauf einer Information im Unternehmenskontext darstellt. Darüber hinaus werden die verschiedenen Managementbereiche den jeweiligen Zyklusabschnitten zugeordnet.

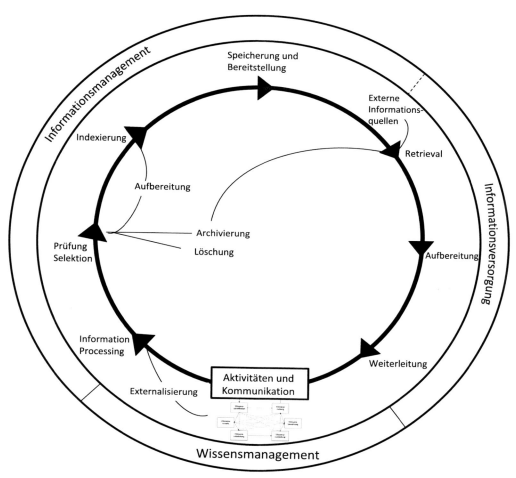

Abbildung 9:   *Modell des Informationslebenszyklus*
Quelle: *Eigene Darstellung*

Tabelle 4:   *Ebenen des Informationslebenszyklus*

Innerer Kreislauf	In dem inneren Kreislauf werden die verschiedenen Zyklusabschnitte, die eine Information durchläuft, dargestellt.
Äußerer Kreislauf	In dem äußeren, hier blau dargestellten, Kreislauf werden die drei verschiedenen Managementbereiche Informationsversorgung, Wissensmanagement und Informationsmanagement in Bezug auf die verschiedenen Zyklusabschnitte zugeordnet.

Quelle: *Eigene Darstellung*

Dieses Modell lässt sich sowohl für bereits vorhandene Informationen anwenden, als auch für Informationen, die neu in das Unternehmen gelangen oder darin entstehen. Ein Einstieg an jedem Punkt des Zyklus ist möglich. Auch ist er medien- und technikunabhängig sowohl für analoge als auch digitale Informationen nutzbar.

Um zu ermöglichen, dass Informationen wirtschaftlich rational verwaltet werden und um mögliche Wettbewerbsvorteile daraus zu heben, ist es notwendig, die erfolgskritischen Informationen vollständig und einheitlich zu managen. Daher sollten die Managementbereiche mit dem Informationslebenszyklus verbunden sein die primär eine informationsschaffende Funktion haben. Der Informationslebenszyklus vernetzt daher im äußeren Kreislauf das Informationsmanagement mit den Managementbereichen Wissensmanagement und der Informationsversorgung. Informationsversorgung und Wissensmanagement werden im Kapitel 4.2.2 weiter erläutert.

Andere Managementbereiche außer den primär informationsschaffenden kommen nicht in Betracht. Zwar entstehen in der operativen Tätigkeit auch an anderer Stelle Informationen (was im Zyklus unter dem Abschnitt Aktivitäten und Kommunikation als auch Information Processing stattfinden würde) aber nicht als Hauptfunktion des jeweiligen Bereichs.[53]

Innerhalb des Zyklus wird Information nicht als Speichereinheit sondern die inhaltlichkontextuellen und zweckorientierten Eigenschaften betrachtet. Dadurch soll ermöglicht werden, dass nur die Information weiterhin im Unternehmen verbleibt, die tatsächlich für den möglichen Kontext Nutzen stiftet und so ein unnötiger Ballast an Informationen, die sonst lediglich als nützlich vermutet werden, direkt vermieden oder zumindest verringert wird.

Da dies ein aufwendigeres Verfahren ist, sollten daher den erfolgskritischen Informationen eine höhere Priorität eingeräumt werden.

Hier leitet sich eine Hypothese ab, die im späteren empirischen Teil weiter untersucht wird:

Die Konzentration auf weniger, erfolgskritische Informationen ist nützlich um die Informationsversorgung zu verbessern.

---

[53]   Beispielsweise werden in der Vertriebstätigkeit ebenso Informationen verwendet, geschaffen, neu kombiniert etc. Die primäre Tätigkeit des Vertriebs bleibt allerdings Verkauf und nicht Informationsschaffung. Ähnlich im FuE-Bereich, hier werden Informationen im Rahmen von Innovationsschöpfung verwendet, geschaffen, neu kombiniert usw. Die primäre Tätigkeit von FuE zielt allerdings auf ein neues „Produkt" ab und nicht darauf ‚nur' Informationen zu schaffen.

4.2.1 Innerer Kreislauf

Im Folgenden werden die verschiedenen Zyklusabschnitte näher erläutert.

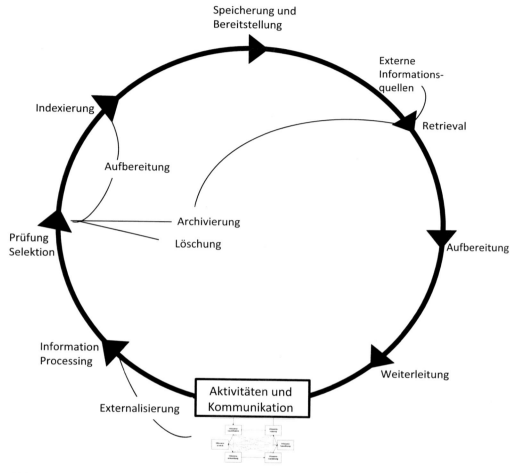

Abbildung 10: Innerer Kreislauf des Informationslebenszyklus
Quelle: Eigene Darstellung

4.2.1.1 Retrieval

Unter dem Zyklusabschnitt Retrieval[54] soll das gesamte Auffinden, Erfassen oder Beschaffen von Information im Unternehmenskontext verstanden werden. Das Retrieval kann sowohl in unternehmenseigenen Datenbanken oder im Archiv als auch in externen Informationsquellen geschehen. Dies bedeutet also, dass eine Information, die nun den Informationszyklus beginnt, sowohl eine bereits vorhandene Information sein kann, die in den eigenen Beständen

---

[54] Engl. für abrufen, wiederauffinden.

wiederaufgefunden wurde und nun den Zyklus erneut durchläuft, als auch eine Information die extern neu gefunden wurde. Wer das Retrieval durchführt, sei es nun eine Informations-abteilung[55], eine Software oder ein einzelner Informationsbedarfsträger, ist für diesen Zyk-lusabschnitt von nachrangiger Bedeutung.

Dieser Zyklusabschnitt repräsentiert auch Informationsversorgung durch Push-Dienste.[56] Diese, auch Alert-Dienste[57] genannten, Funktionen versenden abhängig von einem vorher definierten Themenrahmen neue Inhalte aus dem Bereich an den Empfänger.[58]

4.2.1.2   Aufbereitung

In vielen Fällen ist es erforderlich die Information vor der eigentlichen Verteilung oder Nut-zung weiter aufzubereiten. Bei Informationsabteilungen ist es nahezu obligatorisch.[59] Gründe könnten Qualitätsrichtlinien sein oder dass die Information sehr komplex und der eigentlich konkret gesuchte Inhalt zur Informationsbedarfsdeckung in ihr verborgen ist.

In solchen Fällen findet in diesem Zyklusabschnitt eine Aufbereitung der Information zum gewünschten Informationsderivat statt.

Maßnahmen können sein:

Tabelle 5:   Aufbereitungsoptionen

Prüfung	Prüfung der Information ob der Informationsinhalt bereits die nötige Aussa-gekraft besitzt oder ob evtl. weitere Belege nötig sind.
Komprimierung	Verdichtung der Information auf den Informationsinhalt der für die Deckung des Informationsbedarfs nötig ist.
Kombination	Sollte der formulierte Informationsbedarf sehr komplex und mehrere Infor-mationen nötig sein um ihn zu decken wäre eine Kombination von mehreren Informationsinhalten ggf. sinnvoll.
Konvertierung	Falls notwendig kann eine Konvertierung des Informationsinhaltes in ein neues Trägerformat erfolgen. Beispielsweise Gespräch zu Protokoll, MS Word-Dokument zu Adobe PDF-Dokument.
Verschlüsselung/Passwortschutz	Bei besonders sensiblen Informationen kann es nötig sein den Informations-inhalt zu verschlüsseln und durch ein Passwort vor unberechtigtem Zugriff zu schützen.
Veredelung	Der Informationsinhalt wird für den Nutzer attraktiver, leichter verständlich, leichter nutzbar veredelt. Kann die vorgenannten Punkte mit beinhalten.

Quelle: Eigene Darstellung in Anlehnung an Picot, A., Reichwald, R., Wigand, T.; Die grenzenlose Unternehmung; Gabler; München; 2000; S. 62

---

[55]   Auch Information Research, Research Center oder Informationsvermittlungsstelle.

[56]   Stock, W.; Informationswirtschaft; Oldenbourg; Wien, München usw.; 2000; S. 53–54.

[57]   Auch Selective Dissemination of Information (SDI).

[58]   vgl. a. Pfaff, D.; Competitive Intelligence in der Praxis; Campus; Frankfurt; 2005; S. 50–144, vgl. a. Goemann-Singer, A.; Recherchehandbuch Wirtschaftsinformationen; Springer; Heidelberg; 2003; S. 41–75, 91–109, 181–183, 191ff.

[59]   Goemann-Singer, A.; Graschi, P., Weissenberger R.; Recherchehandbuch Wirtschaftsinformationen; Springer; Berlin, Heidelberg usw.; 2003; S. 177ff.

4.2.1.3 Weiterleitung

Wenn der Informationssuchende und der Informationsbedarfsträger ein und dieselbe Person sind, ist dieser Zyklusabschnitt in der Betrachtung zu vernachlässigen, da die Weiterleitung nicht stattfindet. Die Bereitstellung im gesamten System würde gegebenenfalls nach Prüfung und Speicherung im späteren Verlauf des Zyklus erfolgen.

Wenn der Informationsbedarf auch weitere Personen involviert, findet in diesem Zyklusabschnitt die Weiterleitung statt. Die Weiterleitung kann auf unterschiedlichen Wegen geschehen, wobei verschiedene Faktoren wie Informationsgröße, Sicherheit, Zeit, Raum, Adressatenanzahl und eventuell soziale Faktoren die Wahl des richtigen Mediums determinieren.[60] Die folgende Tabelle zeigt einige Beispiele.

Tabelle 6:   *Beispiele Einflussfaktoren für die Medien-Weiterleitungswahl*

Faktor	Beispiel
Informationsgröße	Ist die Information sehr umfangreich kann eine elektronische Weiterleitung zweckmäßiger sein als z.B. eine mündliche Weiterleitung.
Sicherheit	Elektronische Kanäle, wie zum Beispiel das Internet, bergen das unterschiedlich große Risiko, dass auch Nichtadressaten in den Besitz der Information gelangen können. Bei besonders sicherheitskritischen Informationen kann es zweckmäßiger sein auf andere Wege (Postweg, Kurier, persönliche Übergabe) zurückzugreifen.
Zeit	Die Weiterleitung über elektronische Kanäle geschieht im Allgemeinen schneller als eine Weiterleitung über andere Wege (z.B. interne Post, Postweg).
	Ein weiterer Aspekt des Faktors Zeit ist die Dringlichkeit. Muss die Information schnellstens zum Adressaten gelangen, können langwierige Weiterleitungsprozesse weniger angemessen sein.
Raum	Ist die räumliche Distanz zwischen Versender und Adressaten groß, kann eine Übergabe oder mündliche Weitergabe weniger zweckmäßig sein als zum Beispiel eine Übermittlung auf elektronischem Wege.
Adressatenanzahl	Sollen mehrere Adressaten die Information erhalten, können einige Wege (z.B. via Email) zweckdienlicher sein als andere (z.B. Telefongespräch ohne Konferenzschaltung).
Soziale Faktoren	Unter bestimmten Bedingungen kann eine persönliche Weiterleitung der Information eine bessere Wirkung entfalten als eine unpersönliche (z.B. Leistungsbeurteilung).
	Ein weiterer Aspekt des Faktors soziale Faktoren ist die vermutete Sozialisierung des Adressaten.
	Technikfremde Adressaten bevorzugen möglicherweise eine Informationsweiterleitung in persönlicher oder anderer, nichttechnischer Form. Auch können sehr komplexe Zusammenhänge eine persönliche Übertragung notwendig machen.

Quelle: *Eigene Darstellung*

4.2.1.4 Aktivitäten und Kommunikation

In diesem Zyklusabschnitt findet die Informationsnutzung im Unternehmenskontext statt. Außerdem repräsentiert der Abschnitt Aktivitäten und Kommunikation im weiteren Sinne.

---

[60]   s.a. Reichwald, R.; Kommunikation; In Bitz, M., Dellmann, K., Domsch, M., Egner, H. (Hrsg.); Vahlens Kompendium der Betriebswirtschaftslehre, Bd. 2; Vahlen; München; 1993, S. 457.

Also die tägliche Kommunikation und die Handlungen der Mitarbeiter des Unternehmens, bei dem neues Wissen entsteht und welches gegebenenfalls durch Externalisierung (im nächsten Abschnitt Information Processing) wiederum zu neuer Information wird. Im Zuge der Aktivitäten und Kommunikation können auch neue Informationsbedarfe entstehen, die möglicherweise einen erneuten Zyklusdurchlauf bedingen, daher ist dieser Zyklusabschnitt besonders gekennzeichnet.

Information, die hier Gegenstand des Handelns ist, nicht verändert wurde und bereits vorher im Unternehmen verfügbar war, würde zu diesem Zeitpunkt den Zyklus nicht weiter durchlaufen.

4.2.1.5   Information Processing

In diesem Zyklusabschnitt entsteht unternehmensintern neue Information. Die Externalisierung von Wissen, also die Formalisierung und Umformung in Information, findet an diesem Punkt statt, ausgelöst durch den vorangegangenen Zyklusabschnitt. Außerdem die Neuschöpfung von Informationen, also Erarbeitung von neuen Informationen die zuvor nicht als Wissen vorhanden waren, zum Beispiel durch Data Mining.[61]

Informationen die an dieser Stelle nicht neu geschaffen werden erfahren durch diesen Zyklusabschnitt keine Veränderung.

4.2.1.6   Prüfung und Selektion

In diesem Zyklusabschnitt wird die Information geprüft, ob sie in dieser Form weiter in den Informationsressourcen des Unternehmens bestehen soll oder nicht. Dies gilt sowohl für neue Information die in das Unternehmen gelangt ist und nun dauerhaft bewahrt werden sollen, als auch für bereits vorhandene Information, die in regelmäßigen Abständen geprüft werden sollten.

Eine hohe Qualität von Information ist dann gegeben wenn sie den objektiven Informationsbedarf[62] vollständig deckt. Wang und Strong sprechen hier von "Fitness for use"[63] also die Information in Hinblick auf die Eignung für den möglichen Zweck zu beurteilen.

Zwar lassen sich Informationen mit Programmen grob kategorisieren und clustern, aber Informationen in ihrer inhaltlichen Bedeutung zu interpretieren kann Informationstechnologie (ggw. noch) nicht leisten. Daher bedarf diese Qualitätseinschätzung der Prüfung durch einen versierten Mitarbeiter was den Prozess der Qualitätsprüfung zu einer zeitintensiven Aufgabe macht. Diese inhaltliche Prüfung, also des intellektuellen Auseinandersetzen mit dem Inhalts der Information, ist zentral für den Zyklusabschnitt Prüfung und Selektion.

Ein effizientes und effektives Informationsmanagement kann ohne eine Qualitätsbeurteilung der Ressource Information nicht stattfinden. Das folgende Modell, in Anlehnung an Königer

---

[61]   Data Mining beschreibt der Prozess der Informationsgewinnung und Mustererkennung aus großen Datenbeständen.

[62]   Die Informationen die tatsächlich im konkreten Falle Nutzen stiften können.

[63]   Wang, R.Y.; Strong, D.M. Beyond Accuracy: What Data Quality Means to Data Consumers; Journal of Information Systems Management; 1996; S. 6.

und Reithmayer[64], stellt Kategorien und Dimensionen dar, die in der betrieblichen Praxis für eine systematische Qualitätseinschätzung hinzugezogen werden können.

Tabelle 7:   Kriterien für die Qualitätseinschätzung von Information

Kategorie	Dimensionen
Inhaltliche Qualität	
Innere Qualität	Genauigkeit, Objektivität, Vertrauenswürdigkeit
Kontextuelle Qualität	Informationsgehalt, Bedeutung, Mehrwert, Zeitgerechtheit, Vollständigkeit
Formale Qualität	
Qualität der Metainformationen	Vorhandensein, Angemessenheit
Qualität der Strukturierung	Vorhandensein, Angemessenheit, Nachvollziehbarkeit
Darstellungsqualität	Interpretierbarkeit, Verständlichkeit, angemessener Umfang, Durchgängigkeit
Aufbewahrungspflichten	Prüfung ob die Information Aufbewahrungspflichten nach HGB, AO o.ä. unterliegt die eine weitere Speicherung unumgänglich machen.65

Quelle: Eigene Darstellung in Anlehnung an Königer, P., Reithmayer, W.; Management unstrukturierter Informationen; Campus; Frankfurt; 1998; S. 151ff.

Dieses Modell lässt sich sowohl für Inhalte aus den Informationsressourcen als auch für Inhalte aus Informationsquellen heranziehen. Sind die formalen Kategorien noch relativ einheitlich und einfach zu prüfen, ist eine Qualitätsbeurteilung der inhaltlichen Qualität kontextabhängig durch einen sachkundigen Mitarbeiter zu prüfen.

Daher erscheint es plausibel, die erfolgskritischen Informationen priorisiert für eine intensive Prüfung zu selektieren. Hier kann, wie auch sonst im Zyklus, eine Informationsstrategie rahmengebend Nutzen stiften.

Eine weitere Möglichkeit die Qualitätsbeurteilung zu organisieren wäre mittels Userfeedback. Hierbei bewerten die eigentlichen Nutzer die Information nach Gebrauch zu ihrer Güte. Hierbei wäre sicherzustellen, dass die Beurteilungskriterien bei den Nutzern präsent sind und die Beurteilung als Teil der normalen Informationsverwendung etabliert ist. Eine Kombination beider Verfahren wäre ebenfalls eine Möglichkeit.

Hier leitet sich eine Hypothese ab, die in der späteren empirischen Untersuchung weiter untersucht wird:

Die inhaltliche Prüfung von Informationen ist nützlich um die Qualität der Informationsversorgung zu verbessern. Dies wird allerdings nur in wenigen Unternehmen umgesetzt.

---

[64]   Königer, P., Reithmayer, W.; Management unstrukturierter Informationen; Campus; Frankfurt; 1998; S. 151ff.

[65]   Vgl. Riggert, W.; Betriebliche Informationskonzepte; Vieweg; Braunschweig usw.; 1998; S. 182ff. Einige ausgewählte Beispiele für Rechtsnormen und Aufbewahrungsfristen sind Anhang dargestellt.

Wenn die betreffende Information die Kriterien in der positiven Ausprägung erfüllt, kann sie im nächsten Zyklusabschnitt weiter verarbeitet werden. An dieser Stelle sollte auch entschieden werden, ob sie allen Nutzern oder nur einem eingeschränktem Nutzerkreis zugänglich gemacht werden soll, beispielsweise bei Geschäftsgeheimnissen.

Wenn die Kriterien hingegen nicht erfüllt worden sind, muss geprüft werden, ob sie in aufbereiteter Form speicherungswürdig wäre. Ist das nicht der Fall ist abschließend zu prüfen, ob die Information der Langzeitarchivierung oder Löschung zugeführt werden sollte. Der folgende Beispielprozess (Abb. 11) stellt es noch einmal exemplarisch dar.

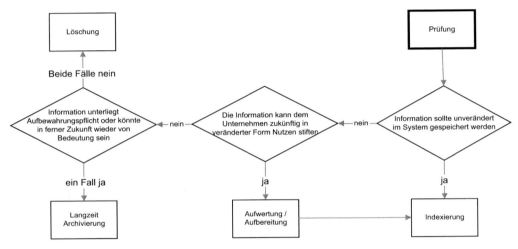

Abbildung 11:   Rudimentäre Archivierungsentscheidungsprozess
Quelle: Eigene Darstellung

Der Zyklusabschnitt Prüfung und Selektion wirkt zum einen darauf, dass die Qualität des Informationsbestandes gehoben werden kann, und bei einem konsequent betriebenen Selektionsprozess, dass die Gesamtmenge an Informationen sich verkleinert, was einen beschleunigten Retrievalprozess begünstigen kann. Außerdem können durch die inhaltliche Prüfung Dubletten von Informationen die inhaltlich identisch sind, aufgedeckt und gegebenenfalls entfernt werden. Des Weiteren ermöglicht dieser Zyklusabschnitt ein zentral gesteuertes Versionsmanagement, also die nachvollziehbare Verwaltung von verschiedenen Versionen einer Information.

4.2.1.7   Indexierung

Im Zyklusabschnitt Indexierung wird die Information in einem Ordnungssystem aufgenommen. Die Indexierung soll zu einem späteren Zeitpunkt ein leichteres Wiederauffinden (Retrieval) der Information ermöglichen. Wird die Indexierung optimiert, kann dadurch das Retrieval in Ergebnis und Zeitaufwand verbessert werden. Es lässt sich hier also ein Zusammenhang zwischen Indexierung und Retrieval feststellen.

Bei einer geringen Anzahl Informationen mag ein funktionierendes Ordnungssystem, als Grundlage für ein effizientes Retrieval, weniger ausschlaggebend sein, bei großen Informationsmengen hingegen ist es eine Voraussetzung, wenn es denn gewünscht ist, später Informationen mit vertretbarem Aufwand wieder aus der Menge herauszufinden.

Wenn ein Wettbewerbsvorteil im Zusammenhang mit Information sich nur dann realisieren lässt, wenn die kritische Information im Gegensatz zum Wettbewerber besser identifiziert, beschafft oder selbst geschaffen und eingesetzt werden kann, dann bietet sich hier eine Möglichkeit die Rahmenbedingungen dafür zu optimieren. Zum Zeitpunkt der Aufnahme ist der Faktor Zeit weniger kritisch einzuschätzen als zum Zeitpunkt wenn die Information durch Information Retrieval wieder aufgefunden werden soll. Wenn eine optimierte Indexierung also das Information Retrieval im Zeitaufwand verbessern kann, ist es eine Möglichkeit die entscheidende Information schneller als der Wettbewerber zu beschaffen und einzusetzen.

Die Indexierung lässt sich in zwei Schritte teilen, die Erschließung und Indexierung der formalen Aspekte (z.B. Autor, Titel, Länge etc.) und die Erschließung und Indexierung der inhaltlichen Aspekte (des eigentlichen Informationsinhalts).

Die Formale Erschließung kann nicht nur für administrative Zwecke dienlich sein, sondern auch die Möglichkeit für weitere Sucheinstiege ermöglichen und bei mehrfachen Antwortkandidaten eine verfeinerte Selektion ermöglichen. In diesem Zyklusabschnitt wäre es außerdem nahe liegend nach der inhaltlichen Erschließung ein Abstract (Kurzreferat) zu erstellen um beim späteren Retrieval und einer größeren Ergebnismenge die passende Information aufzufinden ohne die komplette Ergebnismenge in vollen Umfang verarbeiten zu müssen[66].

Um ein effektives Retrieval zu ermöglichen sollten die Informationen in einem Ordnungssystem organisiert sein. Es sein hier folgende Ordnungsprinzipien vorgestellt, die in der Unternehmenspraxis eine größere Verbreitung haben:

- Klassifikation
- Thesaurus
- Volltextindexierung

Die Klassifikation folgt dem Prinzip „Jedes Ding an seinen vorgesehenen Platz".[67] Das jeweilige Sachgebiet, also in diesem Falle der Themen- bzw. Informationsraum des Unternehmens, wird in einzelne Klassen unterteilt.

Die Klassen würden sich im Idealfalle nicht überlappen, so dass jeder einzelne Aspekt einen festen Platz hat an dem dann eine Information eingeordnet werden kann. Diese Einteilung dient dem Aufbau der eigentlichen Ordnungssystematik und der Abgrenzung von verschiedenen Einzelaspekten des gesamten Themenbereichs. Unter Umständen bilden die Aspekte eine natürliche Hierarchie aus (Pflanzen – Baum – Apfelbaum) so dass eine Klassifikation eine abstrakte Baumstruktur darstellt.

Eine besondere Form der Klassifikation ist die Facettenklassifikation bei der die Inhalte zusätzlich mit merkmalsunterscheidenden Schlüsseln angereichert werden können um die Gesamtzahl der Klassen in einem vertretbaren Umfang zu halten oder eine größere Überlappung der Klassen untereinander gering zu halten.[68]

---

[66] Gaus W.; Dokumentations-und Ordnungslehre; Springer; Berlin, Heidelberg usw.; 2000 S. 46–50.
[67] Gaus W.; Dokumentations-und Ordnungslehre; Springer; Berlin, Heidelberg usw.; 2000 S. 61.
[68] Gaus W.; Dokumentations-und Ordnungslehre; Springer; Berlin, Heidelberg usw.; 2000 S. 61–68.

Abbildung 12:   *Beispiel Klassifikation*
Quelle: *Eigene Darstellung*

Ein Thesaurus ist eine geordnete Sammlung aus den entscheidenden Begriffen eines Sachgebietes, wobei auch die Beziehungen der Begriffe mit abgebildet werden. Typische Beziehungen zwischen den Begriffen die mit dargestellt werden sind synonyme Beziehungen (Unternehmensführung – Management), hierarchische Beziehungen (Ober- und Unterbegriffe, Verbindlichkeiten – kurzfristige Verbindlichkeiten) und assoziative Beziehungen (Verwandte Begriffe, Außenhandelsmarketing – Export). Dadurch entsteht ein Gesamtnetzwerk der wichtigsten sachgebietsrelevanten Begriffe. Dieses gesamte Vokabular wird für den Einsatz als Ordnungssystem unterteilt in Vorzugsbenennungen (Deskriptoren) und Nicht-Vorzugsbenennungen (Nicht-Deskriptoren). Die Vorzugsbenennungen stellen die Worte dar, die später für die Indexierung und Suche zur Verfügung stehen sollen, die Nicht-Deskriptoren verweisen auf die Deskriptoren, so dass spätere Suchanfragen die nicht den Deskriptoren aber Nicht-Deskriptoren entsprechen, dennoch zu einem möglicherweise wünschenswerten Ergebnis führen. Die Deskriptoren stehen dann für die Indexierung der Informationsinhalte zur Verfügung. Die Vernetzung der Begriffe untereinander ermöglicht es ferner sachverwandte Informationen beim Retrieval aufzufinden.[69]

Synonyme Begriffe
Management Benutzt für Unternehmensführung

Hierarchische Beziehungen
OB Verbindlichkeiten
UB kurzfristige Verbindlichkeiten

Verwandte Begriffe
VB Außenhandelsmarketing
VB Export

Abbildung 13:   *Beispiel Thesaurus*
Quelle: *Eigene Darstellung*

---

[69]   Stock, W.; Informationswirtschaft; Oldenbourg; Wien, München usw.; 2000; S. 76–84.

Ob die Volltextindexierung tatsächlich ein Ordnungssystem darstellt ist umstritten[70], aufgrund der Verbreitung in der betrieblichen Praxis wird sie hier mit aufgeführt. Die Volltextindexierung stellt im Kern den Grundgedanken dar, all solche Informationen als Suchergebnis zu liefern in denen die Buchstabenkombinationen der Suchanfrage vorkommt. Dazu werden sämtliche Worte einer Information in einen Index aufgenommen und gegebenenfalls um hochfrequente Worte bereinigt. Eine Suchanfrage wird dann auf diesen Index angewendet und bei einer Übereinstimmung wird auf die entsprechende Information verwiesen. Häufig wird dieses Verfahren gepaart mit einer Relevanzgewichtung um die als relevanter erscheinenden Inhalte in der Ergebnismenge einen höheren Rangplatz zu verschaffen. Die Volltextindexierung liefert nachvollziehbarerweise eine sehr große Ergebnismenge und es ist fragwürdig, ob die Kombination aus subjektivem Informationsbedarf, Suchargument und Relevanzgewichtung stets eine wünschenswerte Ergebnismenge liefert. In eng abgegrenzten Sachgebieten, wie sie in Unternehmen zu finden sind, tauchen gleiche Begriffe häufiger oft auf als in breiteren Sachgebieten.

Dadurch wird es schwierig ein Suchargument zu finden, das genau in dem gewünschten Informationsinhalt vorkommt um eine möglichst treffende Ergebnismenge zu erhalten.

In vielen Fällen ist es notwendig mehrere Inhalte der Ergebnismenge zu prüfen ob sie den gewünschten Informationsbedarf decken, dies hat retrievalseitig Zeitverluste zur Folge.[71]

Suchanfrage **China**

Ergebnisliste
1. Speiseplane China-Wochen
2. Blechinanlagen
3. Exportausfuhr der VR China
4. Farbstoffe: Ultramarine, Chinagelb, Cyanblau
5. Verlust von intellektuellem Kapital in China
6. Engagements in China
...

Abbildung 14:   *Beispiel Ergebnismenge Volltextindexierung*
Quelle: *Eigene Darstellung*

Die Entscheidung welches Ordnungssystem für die Indexierung der Informationen in Frage kommt, ist von den Unternehmen und ihrem Informationsbestand sowie der Zielsetzung selbst abhängig. Wenn allerdings Wettbewerbsvorteile durch Informationen realisiert werden sollen, und einer dieser Wettbewerbsvorteile sich dadurch heben lässt, die Information schneller aufzufinden und einzusetzen, sollte der Retrievalprozess besonders effektiv und effizient ablaufen, was der Volltextindexierung in der ggw. Form einen Nachteil einräumt.

---

[70] Gaus W.; Dokumentations-und Ordnungslehre; Springer; Berlin, Heidelberg usw.; 2000; S. 263.
[71] Gaus W.; Dokumentations-und Ordnungslehre; Springer; Berlin, Heidelberg usw.; 2000; S. 263–268.

4.2.1.8   Speicherung und Bereitstellung

Dieser Zyklusabschnitt steht beim technisch orientierten Informationsmanagement im Fokus. An diesem Punkt wird die Information am endgültigen Speicherort abgelegt und steht ab dann innerhalb der Informationsressourcen des Unternehmens zur Verfügung. Der Zugang für die Nutzer wird in der Regel durch Anwendungen hergestellt.

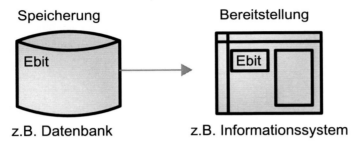

Abbildung 15:   Schema Speicherung und Bereitstellung
Quelle: Eigene Darstellung

Die Gestaltung der Anwendungen, um die Informationen zugänglich zu machen, sollte zielgruppenspezifisch[72] gestaltet sein, um die Nutzung komfortabel zu ermöglich. Hierbei steht die Gebrauchstauglichkeit[73] im Vordergrund, also der Anspruch, dass eine Anwendung den Anwender in die Lage versetzt die mit dem Nutzungskontext verbundenen Ziele effizient, effektiv und mit Zufriedenheit zu erreichen.[74]

Effektiv bedeutet, dass der Nutzer sein Ziel, in diesem Fall die richtige Information zu erhalten, genau und vollständig erreichen kann. Effizient bedeutet, dass die eingesetzten Mittel in einem angemessen Zusammenhang mit dem Ergebnis stehen.[75] Zufriedenheit spiegelt die subjektive Güteeinschätzung der Anwendung durch den Nutzer wider. Lassen sich Effizienz und Effektivität noch direkt beeinflussen, ist die Zufriedenheit nur mittelbar beeinflussbar. Sind Effizienz und Effektivität optimiert, kann dies sehr wahrscheinlich positiv auf die Zufriedenheit der Nutzer wirken.

Alle weiteren Aspekte, die für die Speicherung und Bereitstellung zu berücksichtigen wären, sind technischer Natur und werden daher im Rahmen dieses Modells nicht weiter betrachtet.

4.2.2   Äußerer Kreislauf

Der äußere Kreislauf stellt keine konkreten Tätigkeiten im Speziellen dar, sondern die mit den Zyklusabschnitten des inneren Kreislaufs verbundenen Managementbereiche. Hierbei werden nur die Aspekte betrachtet, die für das hier vorgestellte Modell relevant sind.

---

[72]   Beispielsweise nach Abteilungen, Hierarchiestufen, Rollen, Funktionen.
[73]   Engl. Usability.
[74]   DIN EN ISO 9241 Ergonomie der Mensch-System-Interaktion, Teil 11 Abschnitt Definitionen.
[75]   Weck, R.; Informationsmanagement im globalen Wettbewerb; Oldenbourg; München; 2003; S. 87–99, 163–177.

4.2.2.1 Informationsversorgung

Unter dem hier als Sammelbegriff verwendeten Begriff Informationsversorgung sind all die organisatorischen Einheiten in Unternehmen zu verstehen, die im Auftrage Informationen recherchieren, auffinden, aufbereiten und weiterleiten. Diese Informationsabteilungen[76] bestehen üblicherweise aus Informationsexperten die Abteilungen und einzelne Nutzer durch erweiterte Kenntnisse in Information Retrieval und Informationsquellenwissen unterstützen.

Besteht im Unternehmen eine Informationsabteilung, würde ihr diese Aufgabe zufallen, ist das nicht der Fall, könnte im Rahmen dieses Modells, diese Funktion durch einen Teil des Informationsmanagement wahrgenommen werden. Dies ist im Zyklusmodell durch die gestrichelte Linie zwischen Informationsmanagement und Informationsversorgung repräsentiert. Auch eine Wahrnehmung der Tätigkeiten in den Zyklusabschnitten Informationsversorgung durch die Informationsbedarfsträger selbst wäre möglich.

Innerhalb des Informationslebenszyklus nimmt die Informationsversorgung als Organisationseinheit keine wesentlichen Managementaufgaben wahr, vielmehr die Funktionen des Zyklus. Im Wesentlichen gehört dazu das Information Retrieval, das hier aus der Perspektive des internen Dienstleisters ergänzt werden soll.

Das Information Retrieval soll die gerade gesuchte Information beschaffen um einen Informationsbedarf zu decken. Der formulierte Informationsbedarf lässt sich dabei in zwei verschiedenen Informationsbedarfstypen unterscheiden, zum einen der konkreten Informationsbedarf und den problemorientierten Informationsbedarf.[77]

Tabelle 8:   *CIN und POIN*

Formulierter konkreter Informationsbedarf[78]	Formulierter problemorientierter Informationsbedarf[79]
Die thematischen Grenzen sind klar abgesteckt	Die thematischen Grenzen sind nicht exakt abgesteckt
Die Suchfrageformulierung ist durch exakte Terme ausdrückbar	Die Suchfrageformulierung lässt mehrere terminologische Varianten zu
Eine konkrete Antwort	In der Regel müssen mehrere Informationsquellen geprüft und gesichtet werden.
Mit der Übermittlung der Information ist der Informationsbedarf befriedigt	Mit der Übermittlung der Information wird ggf. das Informationsproblem modifiziert oder ein neuer Bedarf entsteht
„Wie war die Gewinnsumme im vierten Quartal von Unternehmen xy?"	„Wie ist der Markt für Batteriehülsen in China ausgestaltet?"

Quelle: *Eigene Darstellung in Anlehnung an Stock, W.; Informationswirtschaft; Oldenbourg; Wien, München usw.; 2000; S. 120*

Die beiden formulierten Informationsbedarfstypen unterscheiden sich ganz deutlich im Umfang der Antwort, im Umfang der Auswertung und im Umfang der Suchzeit für die Antwort.

---

[76] Auch Information Research, Research Center oder Informationsvermittlungsstelle.
[77] Frants, V., Shapiro, J., Voiskunskii V.; Automated Information Retrieval; Academic Press; San Diego; 1997, S. 34–40.
[78] Auch Concrete Information Need kurz CIN.
[79] Auch Problem Orientated Information Need kurz POIN.

Ferner besteht beim problemorientierten Informationsbedarf, gerade bei der Informationsbeschaffung durch eine andere Person als dem eigentlichen Informationsnachfrager, die Gefahr, dass die Frage anders interpretiert wird als sie ursprünglich intendiert war.

4.2.2.2   Wissensmanagement

Das Wissensmanagement als Organisationseinheit[80] soll die Ressource Wissen im Unternehmen wirtschaftlich rational und im Sinne der Unternehmensziele managen. Wenn das Wissensmanagement als einzelne isolierte Einheit besteht, entstehen parallel zum Informationsbestand verwaltet durch das Informationsmanagement, weitere Bestände an Informationen als Ergebnis des Wissensmanagement. Im hier vorliegenden Modell wird durch die Vernetzung der primär informationsschaffenden Abteilungen diesem Umstand entgegengewirkt.

Wie in der Einführung erläutert, ist explizites Wissen hier als Information zu betrachten und daher im Rahmen des Informationsmanagements zu behandeln. Implizites Wissen hingegen ist im Rahmen dieses Modells die Ressource die durch Wissensmanagement gemanagt wird. Im Folgenden wird Wissensmanagement dargestellt wie es sich im Rahmen dieses Modells darstellen würde.

Da Wissen an das Individuum gebunden ist, ist folglich jedes Wissensmanagement in Unternehmen mit unterschiedlichen Problemstellungen und Handlungsfelder konfrontiert und daher anders ausgestaltet, Generalisierungen sind deshalb problematisch. Folgendes Modell stellt die Aufgaben des Wissensmanagement dar, die für ein Wissensmanagement im Unternehmenskontext übertragbar wären.[81]

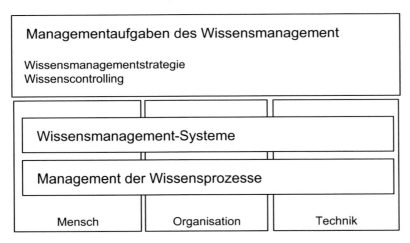

Abbildung 16:   Modell des Wissensmanagements
Quelle: Eigene Darstellung

Das Wissensmanagement hat die Aufgabe den bestmöglichen Einsatz der Ressource Wissen im Sinne des Unternehmenszweckes sicherzustellen. Hierzu ist es also notwendig, dass das

---

[80]   Im weiteren Sinne kann Wissensmanagement auch stellvertretend für anderen Formen von wissensschaffenden Abteilungen oder Organisationsformen stehen wie z.B. Qualitätszirkel, Innovationsrunden.
[81]   Kuhlen, R.; Informationsethik; UTB; Konstanz; 2004; S. 311–322, 358–380.

Wissensmanagement aus den Unternehmenszielen konkrete Wissensziele bzw. Wissensma-nagementziele ableiten kann.[82]

Das Wissenscontrolling dient in dem Zusammenhang dem Management der Wissensmana-gementabteilung, als dass es die Zielerreichungsgrade der Wissensziele messbar machen kann und dadurch die Wirkung des operativen Wissensmanagements transparent macht.[83]

Unter Wissensmanagement-Systeme seien hier all solche Systeme zu verstehen, die das Wis-sensmanagement unterstützen aber nicht vorrangig explizites Wissen darstellen. Wissensma-nagement-Systeme dienen demnach vorrangig dazu, die Umwandlung vom impliziten zu ex-pliziten Wissen zu unterstützen. Dies können beispielsweise Systeme sein, die die Kommunikation oder Vernetzung im Unternehmen fördern um einen Austausch und eine Weiterentwicklung von implizitem Wissen anzuregen und zu erleichtern.[84]

Für das Management der Wissensprozesse wird hier das folgende Modell nach Probst, Raub, Romhardt[85] eingesetzt. Es bildet die Kernprozesse des Wissensmanagements ab, die generali-siert betrachtet, das gesamte operative Wissensmanagement darstellen. Die ausgefüllten Pfeile deuten einen Kreislauf an. Da die Ressource Wissen und der Umgang mit ihr allerdings einer großen Dynamik unterworfen ist, verdeutlichen die gestrichelten Verbindungen, dass die Wis-sensmanagementprozesse vielmehr einem vernetzten System als einen Kreislauf gleichen.

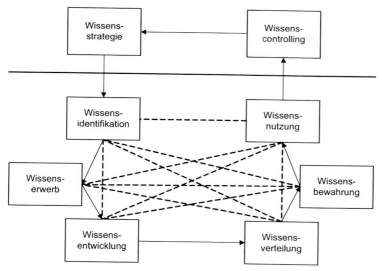

Abbildung 17: *Die Wissensprozesse*
Quelle: *Eigene Darstellung in Anlehnung an Probst G., Raub S., Romhardt K.; Wissen managen; Gabler; Genf; 2006; S. 32*

---

[82] Probst G., Raub S., Romhardt K.; Wissen managen; Gabler; Genf; 2006; S. 37–60.

[83] Güldenberg, S.; Wissensmanagement und Wissenscontrolling in lernenden Organisationen; Deutscher Universi-täts-Verlag; Wiesbaden; 2001; S. 307–317.

[84] Böhmann, T., Krcmar, H.; Werkzeuge für das Wissensmanagement; In Bellmann, M.; Krcmar, H.; Sommerlat-te, T. (Hrsg.); Praxishandbuch Wissensmanagement. Strategien – Methoden – Fallbeispiele; Symposium; Düs-seldorf; 2002; S.391–392.

[85] Probst G., Raub S., Romhardt K.; Wissen managen; Gabler; Genf; 2006; S. 32.

Zentrale Tätigkeit im Prozessabschnitt Wissensidentifikation ist es das im Sinne der definierten Ziele relevante Wissen und die Wissensträger zu identifizieren. Unterschieden werden kann die Wissensidentifikation nach einer internen und externen Perspektive.

Die interne Perspektive der Wissensidentifikation betrachtet die Ausgestaltung der Unternehmenswissensbasis, also Individuen und Gruppen (z.B. Teams, Arbeitsgruppen, Qualitätszirkel). Ziel ist es Wissen und die Wissensträger zu identifizieren und sie im Sinne der Wissensstrategie im weiteren Wissensmanagement zu behandeln.

Die externe Perspektive der Wissensidentifikation untersucht das gesamte Unternehmensumfeld nach relevanten Wissensträgern. Dies können neben Experten, Wissenschaftlern, Beratern auch Unternehmen oder Netzwerke von verbundenen Personen sein. Ziel ist es externes Wissen und die externen Wissensträger zu identifizieren und sie im Sinne der Wissensstrategie im weiteren Wissensmanagement zu behandeln.[86]

Der Prozessabschnitt Wissenserwerb spiegelt den Erwerb von externem Wissen wider und nicht den Wissenserwerbs des Individuums, dieser findet in Abschnitten Wissensnutzung bzw. Wissensverteilung statt.[87]

Der Prozessabschnitt Wissensentwicklung ist der komplementäre Abschnitt zu Wissenserwerb. Hier wird intern neues Wissen geschaffen, das fortan als Teil der Unternehmenswissensbasis zur Verfügung steht.[88]

Die Wissensverteilung[89] betrifft die gezielte Verbreitung von Wissen, also die Vernetzung und den Austausch von Wissensträger und Empfänger.[90]

Wissensnutzung behandelt den zweckmäßigen Einsatz von Wissen. Dieser Prozessabschnitt fungiert operationalisiert plausiblerweise eher als Feedbackprozess, da der konkrete Einsatz oder Nicht-Einsatz von Wissen durch Mitarbeiter oder Gruppen von Mitarbeitern nicht ohne weiteres durch ein zentrales Wissensmanagement gesteuert werden kann.[91]

Korrespondierend mit Wissensverteilung kann dieser Prozessabschnitt auch den Lernprozess widerspiegeln, also dass durch Sozialisation erreichte Ergänzung von eigenem implizitem Wissen durch anderes implizites Wissen.[92]

Der Prozessabschnitt Wissensbewahrung verfolgt das Ziel Wissen innerhalb der Organisation zu bewahren. Da seitens des Wissensmanagements nicht sichergestellt werden kann, dass kritische Wissensträger im Planungszeitraum weiterhin Teil des Unternehmens bleiben, ist es Ziel durch Externalisierung, das entscheidende Wissen als Information zu speichern.

---

[86] Probst G., Raub S., Romhardt K.; Wissen managen; Gabler; Genf; 2006; S. 61–89.
[87] Probst G., Raub S., Romhardt K.; Wissen managen; Gabler; Genf; 2006; S. 91–108.
[88] Probst G., Raub S., Romhardt K.; Wissen managen; Gabler; Genf; 2006; S. 111–138.
[89] Probst, Raub, Raumhardt beschreiben den Punkt als Wissens(ver)teilung. Verteilung von Wissen bedeutet direkt, dass das Wissen mit dem Empfänger fortan geteilt wird, daher wird an dieser Stelle auf diese Differenzierung verzichtet.
[90] Probst G., Raub S., Romhardt K.; Wissen managen; Gabler; Genf; 2006; S. 139–171.
[91] vgl. a. Jansen, D.; Einführung in die Netzwerkanalyse; VS Verlag für Sozialwissenschaften; Wiesbaden; 2006; S. 163–207.
[92] Probst G., Raub S., Romhardt K.; Wissen managen; Gabler; Genf; 2006; S. 173–185.

Des Weiteren kann an Personen gebundenes Wissen wieder vergessen werden. Dem kann durch periodische Wiederholung Wissensverteilung und Wissensnutzung (Lernen) entgegengewirkt werden.[93]

4.2.2.3 Informationsmanagement

Der Begriff Informationsmanagement, verstanden im Unternehmenskontext, impliziert, dass Informationen wirtschaftlich gemanagt werden sollen. Krcmar definiert Informationsmanagement wie folgt:

Informationsmanagement (IM) ist ein Teilbereich der Unternehmensführung, der die Aufgabe hat, den im Hinblick auf die Unternehmensziele bestmöglichen Einsatz der Ressource Information zu gewährleisten.[94]

Das Gewährleisten des bestmöglichen Einsatzes von Information beinhaltet nicht nur die Träger-und Verteilmedien, z.B. die IT-Technik, sondern neben den Tätigkeiten der jeweiligen Zyklusabschnitte auch das Management des Informationsangebots und der Informationsnachfrage. Das folgende Informationsmanagementmodell verdeutlicht es noch einmal.

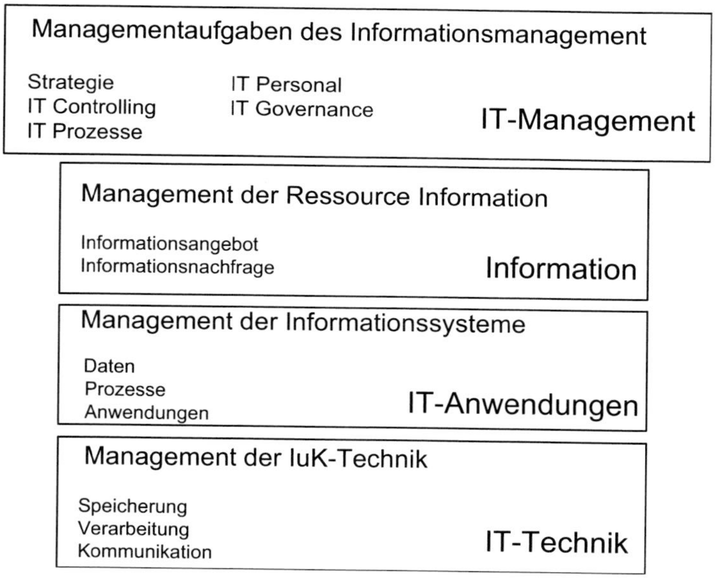

Managementaufgaben des Informationsmanagement

Strategie   IT Personal
IT Controlling   IT Governance
IT Prozesse   **IT-Management**

Management der Ressource Information

Informationsangebot
Informationsnachfrage   **Information**

Management der Informationssysteme

Daten
Prozesse
Anwendungen   **IT-Anwendungen**

Management der IuK-Technik

Speicherung
Verarbeitung
Kommunikation   **IT-Technik**

Abbildung 18:   *Modell des Informationsmanagement*
Quelle: *Eigene Darstellung in Anlehnung an Krcmar, H.; Informationsmanagement; Springer; Berlin, Heidelberg usw.; 2004; S. 47*

Wie bereits vorher angemerkt, soll hier die Technik nicht näher betrachtet werden, sondern der Schwerpunkt liegt auf der lebenszyklusorientierten Konzeption für die Nutzung der Ressource Information.

---

[93]   Probst G., Raub S., Romhardt K.; Wissen managen; Gabler; Genf; 2006; S. 189–210.
[94]   Krcmar, H.; Informationsmanagement; Springer; Berlin; 2004; S. 18.

Im Folgenden werden die Funktionen, unterteilt in Nachfrage und Angebot, dargestellt, die für ein Informationsmanagement unter der Maßgabe des hier vorgestellten Modells auszufüllen sind.

Wenn es im betriebswirtschaftlichen Kontext darum geht, die Ressource Information optimal zu managen, ist eine der zentralen Aufgaben die Herstellung eines Gleichgewichts aus Informationsnachfrage und Informationsangebot. Gerade die Ermittlung der Nachfrage, also des tatsächlichen, objektiven Informationsbedarfs stellt sich als problematisch dar.

Da Informationen interpretierbar sind, ist auch ihre Wirkung interpretierbar und ebenso die Wirkung von Informationen, die als nützlich vermutet werden. Das heißt, dass zwischen dem objektiven Informationsbedarf (die Informationen, die tatsächlich im konkreten Falle Nutzen stiften können) und dem subjektiven Informationsbedarf (die Informationen, die als nützlich vermutet werden) häufig eine Diskrepanz besteht. Picot hat dies grafisch verdeutlicht und Informationsangebot und geäußerte Informationsnachfrage zu dem Modell hinzugefügt:

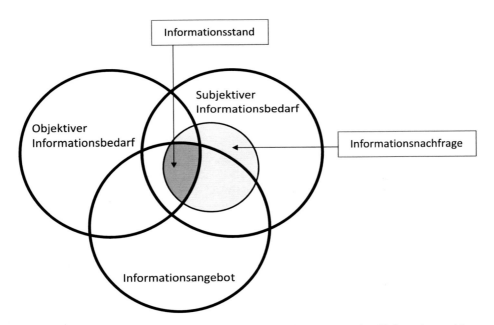

Abbildung 19:   Informationsbedarfe, Informationsangebot, Informationsstand und Informationsnachfrage
Quelle: Picot, A., Reichwald, R., Wigand, T.; Die grenzenlose Unternehmung. Information, Organisation
                und Management; Gabler; München; 2000; S. 82

Übertragen auf dieses Modell hieße die Herstellung eines Gleichgewichts aus Informationsnachfrage und Informationsangebot alle vier Kreise in überstimmende Deckung zu bringen.

Eine zweite Herausforderung in der Bedarfsermittlung ist die Planung des Informationsbedarfs der zukünftig relevant sein könnte. Genau diese Informationen, die in Zukunft relevant sein könnten, können von großer strategischer Bedeutung sein. Das folgende Modell verdeutlicht die strategische Rolle von Information:

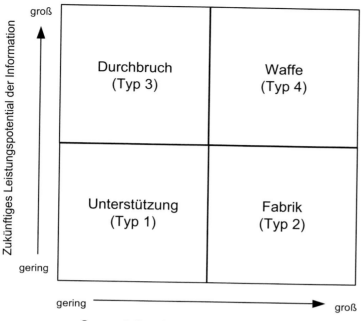

Abbildung 20: *Strategische Rolle von Informationen*
Quelle: *Fank, M.; Einführung in das Informationsmanagement; Oldenbourg; Wien, München usw.;1996; S. 167ff.*

Tabelle 9: *Strategische Rolle von Informationen*

Typ 1 Unterstützung	Informationen dieses Typs sind jetzt und in Zukunft nur von geringer Bedeutung. Bedarfe für Informationen aus diesem Quadranten wären zum jetzigen Zeitpunkt, unter Umständen nur eingeschränkt, relevant.
Typ 2 Fabrik	Informationen dieses Typs haben jetzt noch eine große Bedeutung, die allerdings in Zukunft abnehmen wird. Informationsbedarfe für Informationen aus diesem Quadranten wären zum jetzigen Zeitpunkt relevant.
Typ 3 Durchbruch	Informationen dieses Typs haben zum jetzigen Zeitpunkt noch keine große Bedeutung, werden aber in Zukunft von großer Bedeutung sein. Bedarfe für Informationen aus diesem Quadranten wären die zuvor beschriebenen zukünftig relevanten.
Typ 4 Waffe	Informationen dieses Typs sind zum jetzigen Zeitpunkt und in Zukunft von großer Bedeutung. Bedarfe für Informationen aus diesem Quadranten wären die zuvor beschriebenen zukünftig relevanten.

Quelle: *Eigene Darstellung nach Fank, M.; Einführung in das Informationsmanagement; Oldenbourg; Wien, München usw.;1996; S. 167ff.*

Wie in Kapitel 4.1 beschrieben, ließe sich dieser zukünftige Bedarf durch den Strategiebildungsprozess der Informationsstrategie aufdecken. Das Informationsmanagement könnte dann auf Basis der Informationsstrategie entsprechend handeln.[95]

---

[95] Krcmar, H.; Informationsmanagement; Springer; Berlin, Heidelberg usw.; 2004; S. 59–61.

Mit dem Einzug von Informationstechnologie und der Verbreitung des Internet ist die Menge verfügbarer Informationen enorm angestiegen. Informationsangebote sind heute ebenso zahlreich wie vielfältig ausgeprägt vorhanden, sowohl im Unternehmen als auch außerhalb. Dieses große Angebot stellt das Informationsmanagement vor große Herausforderungen. Wenn es im betriebswirtschaftlichen Kontext darum geht die Ressource Information optimal zu managen, ist eine der zentralen Aufgaben die Herstellung eines Gleichgewichts aus Informationsnachfrage und Informationsangebot. Eine grobe Kategorisierung von internen und externen Nachfragern und internen und externen Informationsangebot ist in folgender Matrix exemplarisch dargestellt.[96]

Tabelle 10:   *Matrix Informationsnachfrage und Informationsangebot*

	Internes Informationsangebot (Informationsressourcen)	**Externes Informationsangebot (Informationsquellen)**
Interne Informationsnachfrager	Betriebliche Informationssysteme	Fachinformationen
Externe Informationsnachfrager	Publikationen Public Relations	nicht relevant

Quelle: *Krcmar, H.; Informationsmanagement; Springer; Berlin, Heidelberg usw.; 2004; S. 70*

Zweifelsohne ist das Management der Kombination von externen Informationsnachfragern und externen Informationsangebot für das Informationsmanagement nicht relevant. Die drei restlichen möglichen Kombination hingegen schon, wobei der Fokus plausiblerweise auf dem Management der interner Informationsnachfrage mit den beiden Informationsangebotsformen liegen sollte.[97]

Die Aufgaben des Informationsmanagements in Bezug auf das interne Informationsangebot (die Informationsressourcen) liegen darin, das Angebot zu optimieren und die Nutzung zu ermöglichen. Ein Angebot von Informationen kann dann als optimal betrachtet werden, wenn der objektive Informationsbedarf gedeckt wird. Zugang ist dann ermöglicht, wenn die designierten Nutzer Zugriff auf die Informationen erlangen können und die Zugangsmöglichkeiten nutzerfreundlich gestaltet sind.

Die Aufgaben des Informationsmanagements in Bezug auf das externe Informationsangebot (die Informationsquellen) ist es Auswahl und Zugang zu Informationsquellen zu verschaffen und ggf. die Überführung der Informationsquellen in Informationsressourcen des Unternehmens. Um eine periodische Informationsversorgung mit ansprechender Güte sicherzustellen, ist es notwendig, die für den Unternehmenszweck relevanten Informationsquellen zu erkennen und dazu Zugang zu erlangen. Hier erscheint ein Dialog mit Nutzern die häufig Informationsquellen nutzen sinnvoll, besteht eine Informationsabteilung wäre dies auch durch die Vernetzung im äußeren Kreislauf im Zyklusmodell repräsentiert.

Zwar lassen sich Quellen, die jetzt für das Unternehmen relevant sind, relativ einfach identifizieren, Quellen die zukünftig relevant werden hingegen schwer, wenn das Informationsma-

---

[96]   Krcmar, H.; Informationsmanagement; Springer; Berlin, Heidelberg usw.; 2004; S. 71–72.
[97]   Krcmar, H.; Informationsmanagement; Springer; Berlin; 2004; S. 72.

nagement nicht über die zukünftige Planung des Unternehmens informiert ist. In diesem Modell wird dieser möglichen Unsicherheit durch die Informationsstrategie entgegengewirkt.

Neben den klassischen Datenbankhosts[98] sind inzwischen auch viele weitere Informationsquellen am Markt. Die folgende Übersicht zeigt mögliche Informationsquellen:

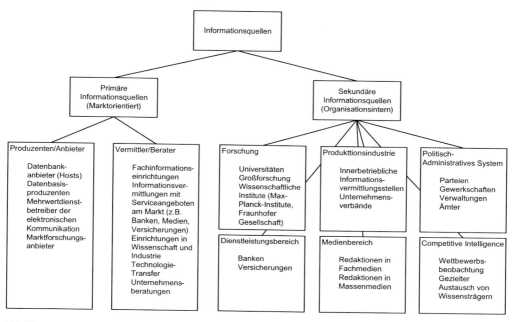

Abbildung 21:   *Informationsquellen*
Quelle: *Eigene Darstellung in Anlehnung an Kuhlen, R.; Informationswissenschaft; Universitätsverlag;*
     Konstanz; 1995; S. 336–337

Die hier vorgestellte Verzahnung der Managementbereiche kann auf verschiedene Art wirken. Die meisten Mitarbeiter sind, durch die inzwischen einfachere Zugänglichkeit, in der Lage Informationen von außen in das Unternehmen zu bringen oder selbst zu erarbeiten. Allerdings ist nicht sichergestellt, dass sie dann auch Teil des gesamten Informationsbestandes des Unternehmens werden. Durch die Verzahnung mit den primär informationsschaffenden Abteilungen und stringenter Anwendung des Informationslebenszyklus werden Informationen an einer einzelnen Stelle nach einheitlichen Standards steuerbar. Und ein zentraler Speicherort lässt ein einfacheres und einheitliches Management von Informationen vermuten als mehrere verteilte Speicherorte.

Eine Verzahnung von Informationsversorgung und Informationsmanagement kann wechselseitig positiv wirken. Da die Informationsversorgung sich stark mit Informationsressourcen und Informationsquellen auseinandersetzt, können Anteile von neuen Informationsquellen schneller in die eigenen Informationsressourcen aufgenommen werden. Umgekehrt kann sich

---

[98]   Datenbankanbieter für Fachinformationen wie zum Beispiel Dialog, Factiva, STN, LexisNexis, Genios, FIZ Technik, DIMDI, Questel Orbit.

eine mit dem Informationsmanagement eng verzahnte Informationsversorgung direkt in Kenntnis setzen, wenn neue Inhalte, unabhängig von der Informationsversorgung, Einzug in die Informationsressourcen gehalten haben. Durch die Vernetzung mit dem Wissensmanagement kann eine Versorgung des zentralen Informationsbestandes mit neuen Inhalten ermöglicht werden.

Hier leitet sich eine Hypothese ab, die in der späteren Erhebung geprüft werden soll:

Die Verzahnung von primär informationsschaffenden Abteilungen ist nützlich um die Informationsversorgung zu verbessern. Dies wird allerdings nur in wenigen Unternehmen umgesetzt.

5 Erhebung

In den vorherigen Kapiteln wurden die für diesen Gegenstandsbereich relevanten Begriffe definiert, das Modell eines Informationslebenszyklus dargestellt und die Anforderungen der Praxis aus den Erkenntnissen aus der Literatur erarbeitet.

Die aus den Erkenntnissen abgeleiteten Hypothesen[99] sind:

- Die inhaltliche Prüfung von Informationen ist nützlich um die Qualität der Informationsversorgung zu verbessern. Dies wird allerdings nur in wenigen Unternehmen umgesetzt.
- Im Kontext des Informationsmanagements wird keine Informationsstrategie mit klaren Zielvorgaben eingesetzt.
- Die Verzahnung von primär informationsschaffenden Abteilungen ist nützlich um die Informationsversorgung zu verbessern. Dies wird allerdings nur in wenigen Unternehmen umgesetzt.
- Es werden häufig keine Ordnungssysteme oder Volltextindexierung eingesetzt.
- Die Konzentration auf weniger, erfolgskritische Informationen ist nützlich um die Informationsversorgung zu verbessern.

Diese Hypothesen wurden mittels einer Befragung empirisch untersucht.

5.1 Untersuchungsmethode

Die Erkenntnisse wurden durch empirische[100] Methoden erforscht. Die Empirie unterscheidet quantitative und qualitative Forschungsmethoden.[101] Die quantitative Forschung arbeitet mit der systematischen Messung von zählbaren Eigenschaften und der anschließenden Anwendung von statistischen Methoden. Die qualitative Forschung hingegen wertet mitgeteilte Erfahrungsrealitäten aus.[102]

Da die Hypothesen durch numerische Werte allein nicht zu prüfen sind, wurde im hier vorliegenden Fall die explorative Untersuchung in Form einer schriftlichen Befragung ausgewählt.[103]

---

[99]   Eine Hypothese ist eine Vermutung über einen Tatbestand, vgl. Kromrey, H.; Empirische Sozialforschung; UTB für Wissenschaft; Opladen; 1995; S. 41–42.
[100]   Griech. für auf der Erfahrung beruhend.
[101]   Kromrey, H.; Empirische Sozialforschung; UTB für Wissenschaft; Opladen; 1995; S. 146–149.
[102]   Bortz, J., Döring, N.; Forschungsmethoden und Evaluation für Human- und Sozialwissenschaftler; Springer; Berlin, Heidelberg usw.; 2002; S. 296–297.
[103]   Bortz, J., Döring, N.; Forschungsmethoden und Evaluation für Human- und Sozialwissenschaftler; Springer; Berlin, Heidelberg usw.; 2002, S. 360ff.

Die Empirie stellt an Hypothesen bestimmte Anforderungen:[104]

- Sie müssen an der Erfahrung prinzipiell scheitern können.
- Sie beziehen sich auf denselben Gegenstandsbereich.
- Sie müssen untereinander logisch verträglich sein.

Die hier vorgestellten Hypothesen erfüllen diese Anforderungen. Sie sind erfahrbar und können widerlegt werden. Sie stehen im Zusammenhang mit demselben Gegenstandsbereich. Und sie stehen nicht im Widerspruch untereinander.

5.2 Vorstellung der Untersuchungsobjekte

Die Grundgesamtheit aller Untersuchungsobjekte stellen prinzipiell alle[105] Unternehmen in Deutschland da. Die Auswahl der Untersuchungsobjekte erfolgte willkürlich. Die Befragung erfolgte mit Unterstützung der Online-Befragungssoftware des Unternehmens Globalpark.[106] Die Befragung war zugänglich im Zeitraum von 16.07.2007. bis zum 31.08.2007 unter www.infomgmt.de.vu und wurde komplett anonym durchgeführt.

Folgende Unternehmen wurden direkt angeschrieben und um Auskunft gebeten:

Tabelle 11:   Zur Befragung eingeladene Unternehmen

DAX	SDAX
adidas AG	Air Berlin PLC
Allianz SE	Alstria Office AG
BASF AG	ARQUES Industries AG
Bayer AG	Axel Springer AG
BMW AG	Balda AG
Commerzbank AG	BAUER Aktiengesellschaft
Continental AG	BayWa AG
DaimlerChrysler AG	C.A.T. OIL AG
Deutsche Bank AG	cash.life AG
Deutsche Börse AG	Colonia Real Estate AG
Deutsche Lufthansa AG	comdirect bank AG
Deutsche Post AG	CTS Eventim AG
Deutsche Postbank AG	Curanum AG
Deutsche Telekom AG	D+S europe AG
E.ON AG	DAB bank AG
Fresenius Medical Care AG & Co. KGaA	Demag Cranes AG
Henkel KGaA	Deutsche Beteiligungs AG
Hypo Real Estate Holding AG	Deutsche Wohnen AG
Infineon Technologies AG	DIC Asset AG
Linde AG	Dyckerhoff AG
MAN AG	Dürr AG

---

[104] Kromrey, H.; Empirische Sozialforschung; UTB für Wissenschaft; Opladen; 1995; S. 41–42.
[105] 3.353.838 laut Statistischem Jahrbuch 2006 Statistisches Bundesamt; Statistisches Jahrbuch 2006; Werbedruck Schreckhase; Wiesbaden; 2006; S. 485; https://www-ec.destatis.de/csp/shop/sfg/bpm.html.cms.cBroker.cls?cmspath=struktur,vollanzeige.csp& ID=1018645 (Zugriff am 23.08.2007).
[106] http://www.unipark.de Globalpark GmbH.

Tabelle 11: Fortsetzung

Merck KGaA	elexis AG
METRO AG	ElringKlinger AG
Münchener Rück AG	EM.Sport Media AG
RWE AG	Escada AG St
SAP AG	Fielmann AG
Siemens AG	Fuchs Petrolub AG
ThyssenKrupp AG	Gerresheimer AG
TUI AG	Gerry Weber International AG
Volkswagen AG	GfK AG
MDAX	Gildemeister AG
Aareal Bank AG	Grammer AG
Altana AG	GRENKELEASING AG
AMB Generali Holding AG	H&R WASAG AG
Arcandor AG	HCI Capital AG
AWD Holding AG	Indus Holding AG
Beiersdorf Aktiengesellschaft	INTERHYP AG
Bilfinger Berger AG	Jungheinrich AG
Celesio AG	KOENIG & BAUER AG
DEPFA BANK plc	KWS SAAT AG
Deutsche EuroShop AG	Loewe AG
Deutz AG	Medion AG
Douglas Holding AG	MPC AG
EADS	MVV Energie AG
Fraport AG	Rational AG
Fresenius SE	Sixt AG St
GAGFAH S.A.	TAG Tegernsee Immobilien u. Beteiligungs AG
GEA Group Aktiengesellschaft	TAKKT AG
Hannover Rückversicherung AG	Thielert Aktiengesellschaft
HeidelbergCement AG	Vivacon AG
Heidelberger Druckmaschinen AG	TecDAX
HOCHTIEF AG	ADVA AG Optical Networking
Hugo Boss AG	Aixtron AG
IKB Dt. Industriebank AG	AT&S Austria Tech. & System. AG
IVG Immobilien AG	BB Biotech AG
K+S Aktiengesellschaft	BB Medtech AG
Klöckner & Co Aktiengesellschaft	Bechtle AG
Krones AG	Carl Zeiss Meditec AG
KUKA Aktiengesellschaft	Conergy AG
LANXESS AG	Drägerwerk AG
Leoni AG	EPCOS AG
MLP AG	ersol Solar Energy AG
MTU Aero Engines Holding AG	freenet AG
Norddeutsche Affinerie AG	GPC Biotech AG
PATRIZIA Immobilien AG	IDS Scheer AG
Pfleiderer AG	Jenoptik AG
Praktiker Bau- und Heimwerkermärkte AG	Kontron AG
Premiere AG	MorphoSys AG
ProSiebenSat.1 Media AG	Nordex AG
Puma AG	Pfeiffer Vacuum Technology AG
Rheinmetall AG	Q-CELLS AG
RHÖN-KLINIKUM AG	QIAGEN
Salzgitter AG	QSC AG
SGL Carbon AG	Rofin-Sinar Technologies Inc.

Tabelle 11:   Fortsetzung

STADA Arzneimittel AG	Singulus Technologies AG
Symrise AG	Software AG
Südzucker AG	SolarWorld AG
techem AG	SOLON AG für Solartechnik
Vossloh AG	TELE ATLAS
Wacker Chemie AG	United Internet AG
WINCOR NIXDORF Aktiengesellschaft	Wirecard AG

Quelle: Eigene Darstellung

In vielen Fällen wurde eine Antwort mit einer Verweigerung der Teilnahme zurückgesendet. Um dennoch eine große und durchmischte Datenbasis zu erreichen wurde weiterhin in folgenden Forengruppen des Community Portals Xing[107] ein Hinweis auf die Befragung eingestellt.

- IT Management
- Informationsdesign
- ICT Information & Communication Technology
- Business Intelligence – Nervensystem nicht nur der Unternehmen
- Informationsarchitektur
- Knowledge Management
- Information & Document Management

An der Befragung haben die Informationsmanagementabteilungen von insgesamt 169 Unternehmen teilgenommen. Alle folgenden Angaben sind Prozentangaben.

5.3   Ergebnisse

5.3.1   Struktur der Befragungsteilnehmer

Zur Klassifizierung der Befragungsteilnehmer in Größenklassen wurde die Unternehmensgröße-Tabelle des Instituts für Mittelstandsforschung Bonn herangezogen. Aufgrund der wenigen Kriterien und des damit verbundenen schnellen Einsatzes war sie für diesen Zweck gut geeignet.

Tabelle 12:   Unternehmensgrößen

Unternehmensgröße	Mitarbeiter		Umsatz
Klein	weniger 10	und	weniger als 1 Million € Jahresumsatz
Mittel	10–499	und	1–50 Millionen € Jahresumsatz
Groß	500 und mehr	und	mehr als 50 Millionen € Jahresumsatz

Quelle: Kayser, G.; Was sind eigentlich kleine und mittlere Unternehmen (KMU)?; Institut für Mittelstandsforschung Bonn; 2003; Seite 2; http://www.ifm-bonn.org/presse/kay-aif.pdf (Zugriff am 16.07.2007)

---

[107] http://www.xing.com Xing AG.

Bitte klassifizieren Sie für die Auswertung die Größe Ihres Unternehmens. Die Befragungsteilnehmerstruktur stellt sich wie folgt dar:

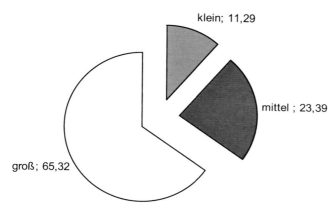

Abbildung 22:   *Unternehmensgröße*
Quelle: *Eigene Darstellung*

Die großen Unternehmen stellten mit fast zwei Drittel aller Teilnehmer die größte Gruppe
dar. Die Gründe lassen sich nicht konkret belegen, es liegt allerdings Nahe, dass ein Zusammenhang besteht mit der direkten Ansprachen von großen Unternehmen und Teilnahme und
dass in größeren Unternehmen ein größerer Bedarf für Informationsmanagement besteht.

5.3.2   Prüfung der Hypothese: Die inhaltliche Prüfung von Informationen ist nützlich um die Qualität der Informationsversorgung zu verbessern. Dies wird allerdings nur in wenigen Unternehmen umgesetzt

Wird beim Management von Informationen in Ihrem Unternehmen der Inhalt der Information berücksichtigt? Hier antworteten die Befragungsteilnehmer wie folgt:

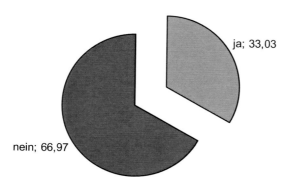

Abbildung 23:   *Wird beim Management von Informationen der Inhalt der Informationen berücksichtigt?*
Quelle: *Eigene Darstellung*

Das bedeutet, dass zwei Drittel der Befragungsteilnehmer Informationen unabhängig von ihrem Inhalt managen. Die Speicherung und Zugänglichmachung im Unternehmen erfolgt also häufig aufs Geratewohl: Dass wenn die Inhalte nicht auf Relevanz und deren Qualität im Allgemeinen nicht geprüft wird, dies den Informationsbestand in seiner Qualität und Wirkung im Sinne der Unternehmensziele negativ beeinflussen kann, erscheint sehr wahrscheinlich.

Paradox erscheint da das Ergebnis der nächsten, mit dieser Frage korrespondierenden Fragestellung.

Würden Sie eine solche inhaltliche Prüfung für nützlich einschätzen um die Qualität der Informationen in Ihrem Unternehmen zu verbessern? Hier antworteten die Befragungsteilnehmer wie folgt:

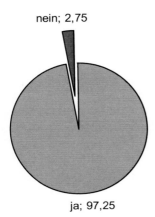

nein; 2,75

ja; 97,25

Abbildung 24:   *Würden Sie eine solche inhaltliche Prüfung für nützlich einschätzen um die Qualität der Informationen in Ihrem Unternehmen zu verbessern?*
Quelle: *Eigene Darstellung*

Die überwältigende Mehrheit der Befragungsteilnehmer schätzt also, dass eine inhaltliche Prüfung ein geeignetes Mittel wäre um die Qualität der Informationen im Unternehmen anzuheben. Obwohl fast alle Befragten bei einer solchen inhaltlichen Prüfung einen Nutzen vermuten, wird es nur in einem Drittel der Unternehmen eingesetzt.

Dies unterstützt das im hier vorgestellten Modell angewandte Verfahren im Zyklusabschnitt Prüfung und Selektion im Informationslebenszyklus.

Die Hypothese *Die inhaltliche Prüfung von Informationen ist nützlich um die Qualität der Informationsversorgung zu verbessern. Dies wird allerdings nur in wenigen Unternehmen umgesetzt* kann aufgrund der Befragungsergebnisse als vorläufig bestätigt betrachtet werden.

5.3.3 Prüfung der Hypothese: Im Kontext des Informationsmanagements wird keine Informationsstrategie mit klaren Zielvorgaben eingesetzt

Um diese Hypothese zu testen beginnen wir mit der Korrespondenzfrage. Auf die Frage nach einer vorhanden IT-Strategie und deren Einsatz antworteten die Befragungsteilnehmer wie folgt.

Verfügt Ihr Unternehmen über eine IT-Strategie?

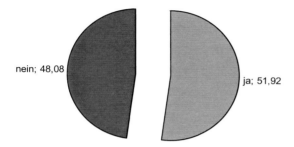

Abbildung 25:   Verfügt Ihr Unternehmen über eine IT-Strategie?
Quelle: Eigene Darstellung

Mehr als die Hälfte der befragten Unternehmen verfügt also über eine IT-Strategie. Auf die Frage: Falls JA in wie weit, Ihrer Einschätzung nach, wird ihr im täglichen Handeln Rechnung getragen? zeigte sich das folgende Bild.

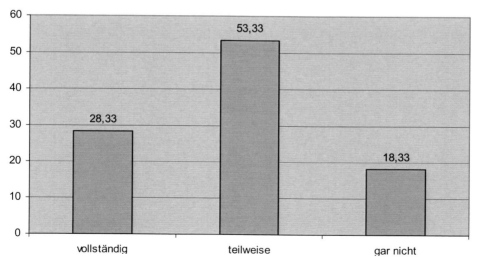

Abbildung 26:   Falls ja in wie weit wird ihr im täglichen Handeln Rechnung getragen?
Quelle: Eigene Darstellung

Dies zeigt, dass zwar über die Hälfte der Befragungsteilnehmer eine IT-Strategie verwenden, aber bei über 72% der Befragten sie nicht vollständig umgesetzt wird.

Die eigentliche Frage für die hier zu testende Hypothese lautete wie folgt:

Verfügt Ihr Unternehmen über eine Informationsstrategie?

Abbildung 27:   Verfügt Ihr Unternehmen über eine Informationsstrategie?
Quelle: Eigene Darstellung

Lediglich 28% der Befragungsteilnehmer bilden informationsstrategische Aspekte ab, davon 5% als Teil der IT-Strategie und 23% als eigenständige Informationsstrategie. Fast drei Viertel der befragten Unternehmen setzen keine Informationsstrategie ein. Die Frage nach der Umsetzung zeigt zudem ein deutliches Bild. Falls JA in wie weit, Ihrer Einschätzung nach, wird ihr im täglichen Handeln Rechnung getragen?

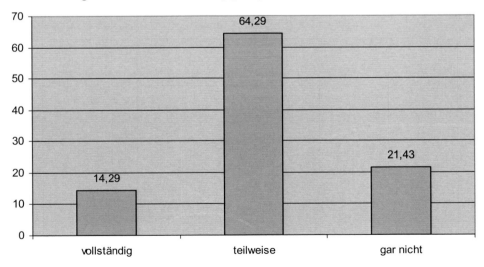

Abbildung 28:   Falls ja in wie weit wird ihr im täglichen Handeln Rechnung getragen?
Quelle: Eigene Darstellung

Das zeigt, dass von den 28% der befragten Unternehmen die eine Informationsstrategie einsetzen, mit über 86% die große Mehrheit diese nicht vollständig umsetzt.

Obwohl IT-Strategien eine größere Verbreitung in der Praxis haben und bei der Hälfte der Befragungsteilnehmer im Einsatz sind, sind Informationsstrategien nur bei weniger als einem Drittel der Befragungsteilnehmer im Einsatz und werden dort nur in geringem Maße umgesetzt. Es gibt also zwar klare Zielsetzungen für die Informationstechnik, aber nur selten für die Ressource Information selbst. Die Hypothese *Im Kontext des Informationsmanagements wird keine Informationsstrategie mit klaren Zielvorgaben eingesetzt* kann daher als vorläufig bestätigt betrachtet werden.

5.3.4 Prüfung der Hypothese: Die Verzahnung von primär informationsschaffenden Abteilungen ist nützlich um die Informationsversorgung zu verbessern. Dies wird allerdings nur in wenigen Unternehmen umgesetzt

Gibt es in Ihrem Unternehmen eine organisationelle Verzahnung von Informationsmanagement mit anderen primär informationsschaffenden Bereichen? Hier antworteten die Befragungsteilnehmer wie folgt:

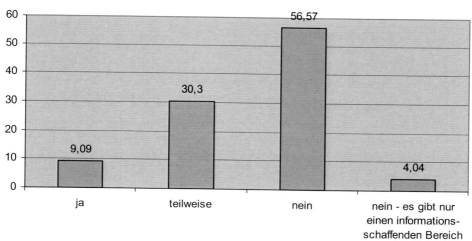

Abbildung 29:   *Gibt es in Ihrem Unternehmen eine organisationelle Verzahnung von Informationsmanagement mit anderen primär informationsschaffenden Bereichen?*
Quelle: *Eigene Darstellung*

Lediglich 9% der Befragungsteilnehmer weisen eine enge Verzahnung und Zusammenarbeit aus. Nur bei 30% der Befragungsteilnehmer tauschen sich die Bereiche aus, bei über der Hälfte, 57%, arbeiten die Bereiche getrennt voneinander.

Die 4% der Befragungsteilnehmer, die nur einen primär informationsschaffenden Bereich aufweisen, können vorerst außer Betracht gelassen werden, da wenn es nur einen primär informationsschaffenden Bereich gibt eine Vernetzung mit anderen, nicht vorhandenen, nicht möglich ist.

Auch hier weicht die Einschätzung der Nützlichkeit von der Umsetzung in der Praxis weit ab.

Würden Sie eine solche Verzahnung für nützlich einschätzen um die Informationsversorgung in Ihrem Unternehmen zu verbessern?

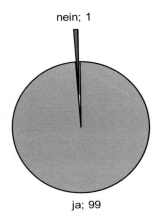

nein; 1

ja; 99

Abbildung 30:   *Würden Sie eine solche Verzahnung für nützlich einschätzen um die Informationsversorgung in*
                    Ihrem Unternehmen zu verbessern?
Quelle: *Eigene Darstellung*

Mit 99% erachtet die überwältigende Mehrheit der Befragungsteilnehmer eine Verzahnung von primär informationsschaffenden Abteilungen für nützlich um die Informationsversorgung im Unternehmenskontext zu verbessern.

Dies unterstützt das im hier vorgestellten Modell angewandte Verfahren des äußeren Kreislaufs des Informationslebenszyklus.

Die Hypothese *Die Verzahnung von primär informationsschaffenden Abteilungen ist nützlich um die Informationsversorgung zu verbessern. Dies wird allerdings nur in wenigen Unternehmen umgesetzt* kann aufgrund der Befragungsergebnisse als vorläufig bestätigt betrachtet werden.

5.3.5 Prüfung der Hypothese: Es werden häufig keine Ordnungssysteme oder Volltextindexierung eingesetzt

In welche Ordnungssystematik werden Informationen in Ihrem Unternehmen eingepflegt? Hier antworteten die Befragungsteilnehmer wie folgt:

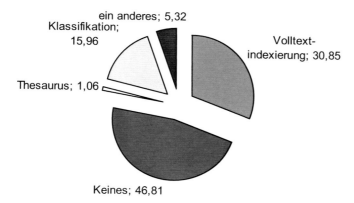

Abbildung 31:   *In welche Ordnungssystematik werden Informationen in Ihrem Unternehmen eingepflegt?*
Quelle: *Eigene Darstellung*

16% der Befragungsteilnehmer setzen Klassifikationen als Ordnungssystem ein, 1% Thesauri und 31% Volltextindexierung. Die große Mehrheit mit 47% setzt kein Ordnungssystem ein. 5% setzen ein anderes Ordnungssystem ein, die Freitextantworten zeigen hier folgende Inhalte

Tabelle 13:   *Freitextantworten*

mindaccess	Ein Produkt der insiders GmbH einem DMS-Anbieter aus Mainz
Tags	Eine Verteilung von beschreibenden Ausdrücken zu den Inhalten, ähnlich Schlagwortvergabe
Filestruktur	Vermutlich eine Struktur ähnlich einer rudimentären Klassifikation
Consolidate	Ein Produkt der Consolidate Software GmbH & Co einem DMS-Anbieter aus Dornbirn in Österreich
Ablage in Ordnern auf Daten-Servern	Vermutlich eine Struktur ähnlich einer rudimentären Klassifikation

Quelle: *Eigene Darstellung*

Die Antworten *Volltextindexierung* und *Kein Ordnungssystem* machen in der Summe 77,66% aller Antworten aus, daher kann die Hypothese *Es werden häufig keine Ordnungssysteme oder Volltextindexierung eingesetzt* als vorläufig bestätigt betrachtet werden.

5.3.6 Prüfung der Hypothese: Die Konzentration auf weniger, erfolgskritische Informationen ist nützlich um die Informationsversorgung zu verbessern

Denken Sie, dass eine Reduzierung der Gesamtmenge an Informationen in Ihrem Unternehmen auf wenige, erfolgskritische Informationen die Informationsversorgung im Allgemeinen verbessern würde? Hier antworteten die Befragungsteilnehmer mit großer Mehrzahl eindeutig:

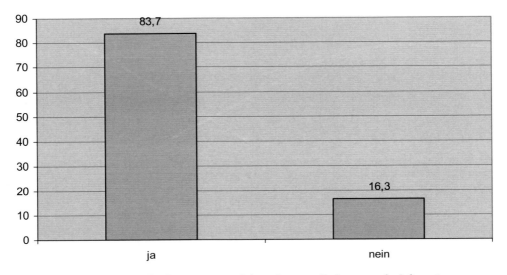

Abbildung 32:   *Reduzierung der Gesamtmenge an Informationen zur Verbesserung der Informationsversorgung*
Quelle: *Eigene Darstellung*

84% der Befragten Unternehmen sehen in der Reduzierung der gesamten Informationsmenge auf weniger, erfolgskritische Informationen eine Verbesserung der Informationsversorgung. 16% der Befragungsteilnehmer sehen darin keine Verbesserung. Der im hier vorgestellten Modell vermittelte Ansatz der Konzentration auf erfolgskritische Informationen scheint wie vermutet einen Nutzen stiften zu können. Die Hypothese *Die Konzentration auf weniger, erfolgskritische Informationen ist nützlich um die Informationsversorgung zu verbessern* kann daher als vorläufig bestätigt betrachtet werden.

5.3.7 Weitere Ergebnisse

Neben den Fragen zum Testen der Hypothesen wurden noch Fragen gestellt um die Grundannahme näher zu untersuchen und weitere Erkenntnisse zu gewinnen.

Wie würden Sie die Qualität der Informationsversorgung in Ihrem Unternehmen bewerten? Hier wurden folgende Antworten gegeben:

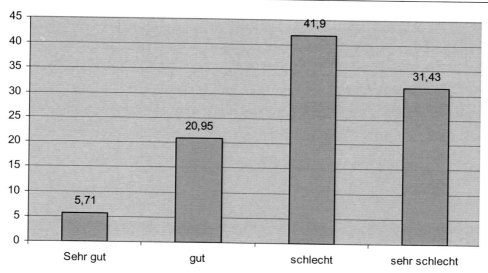

Abbildung 33:   *Wie würden Sie die Qualität der Informationsversorgung in Ihrem Unternehmen bewerten?*
Quelle: *Eigene Darstellung*

Lediglich 6% der Befragungsteilnehmer stufen die Qualität der Informationsversorgung in ihrem Unternehmen als sehr gut ein. Ein Fünftel der Befragten bewertet die Informationsversorgung im eigenen Unternehmen als gut, 42% als schlecht und fast ein Drittel, 31%, als sehr schlecht. Wenn wir die Antworten unter den Extrema schlecht und gut aggregieren zeigt sich folgendes Bild:

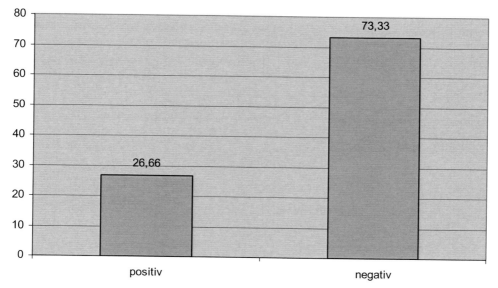

Abbildung 34:   *Aggregierte Antwort*
Quelle: *Eigene Darstellung*

Nur 27% aller Befragungsteilnehmer würden die Informationsversorgung in ihrem Unternehmen als gut charakterisieren, die große Mehrheit von 73% bewertet es als schlecht. Die Grundannahme, dass das Informationsmanagement von Unternehmen in Deutschland optimiert werden kann, scheint sich hier zu belegen.

Ist aus Ihrer Sicht für Ihre tägliche Arbeit eine Differenzierung von Wissen, Informationen und Daten von Belang? Hier gaben die Befragungsteilnehmer folgende Antworten:

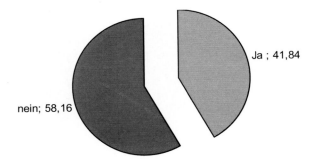

Abbildung 35:   *Halten Sie eine Differenzierung von Daten, Information und Wissen für nötig?*
Quelle: *Eigene Darstellung*

Interessanterweise hält die größere Anzahl der Befragungsteilnehmer mit 58% eine Differenzierung von Daten, Informationen und Wissen für nicht relevant. Obgleich, wie in Kapitel 2 vorgestellt, es sich um vollkommen verschiedene Sachverhalte handelt die jeweils spezielle und unterschiedliche Anforderungen an ein Management desselben stellt. Möglicherweise liegen einige Probleme des Informationsmanagement bereits in der fundamentalen Perspektive der Verantwortlichen auf die Sachverhalte zu Grunde, auch wenn sich diese Vermutung mit den vorliegenden Daten nicht abschließend klären oder erhärten lässt.

5.3.8   Schlussfolgerungen für das hier vorgestellte Modell

Die Verzahnung der primär informationsschaffenden Bereiche wird als nützlich vermutet, ebenso wie der Ansatz, dass eine Reduzierung des Informationsbestandes auf erfolgskritische Informationen positiv wirken kann.

Die inhaltliche Prüfung allgemein wurde von der Mehrzahl der Befragten als geeignetes Mittel zur Verbesserung der Informationsversorgung vermutet. Im hier vorliegenden Modell wurde angeregt die erfolgskritischen Informationen priorisiert der inhaltlichen Prüfung zuzuführen. Möglicherweise ist eine solche Priorisierung unnötig und es sollten generell sämtliche Informationen der inhaltlichen Prüfung zugeführt werden. Dies kann an dieser Stelle allerdings nicht abschließend geklärt werden.

6   Fazit und Ausblick

Die Ressource Information ist aus dem Unternehmensalltag nicht wegzudenken, auch wenn ihr Beitrag zur Wertschöpfung und Wettbewerbssituation nicht ohne sehr großen Aufwand isoliert und verallgemeinert dargestellt werden kann. Plausibel erscheint es, dass das Unternehmen das Information schneller und effektiver zum Einsatz bringen kann als der Wettbewerber, gegenüber dem Wettbewerber im Vorteil ist.

Beobachtbar waren dabei insbesondere die Faktoren:

* Priorisierung/Reduktion der wesentlichen und strategisch kritischen Informationen (s)
* Sichere Identifikation, Beschaffung und Bereitstellung (e)
* Optimiertes Retrieval (r)
* Angemessen qualifiziertes Personal (k)
* Controlling und kontinuierliche Verbesserung der Prozesse und Verfahren (KVP)

$$\sum_{t=1}^{com} = \frac{\{K,I\}}{(s,e,r,k)\,KVP}$$

Abbildung 36:   Wettbewerbsfähigkeitsindex durch Wissen und Information

Das Informationsmanagement von Unternehmen in Deutschland scheint Optimierungsbedarf aufzuweisen, wie die Befragung bestätigt. Die inhaltliche Prüfung von Informationen scheint in der Theorie und bestätigt durch die Befragung, ein sinnvoller Aspekt zu sein das Informationsmanagement zu verbessern. Dennoch wird dies nur in wenigen Unternehmen durchgeführt. Das Informationsmanagement sollte das Management der Ressource Information wirtschaftlich rational durchführen, dennoch arbeiten die meisten Unternehmen ohne konkrete Zielvorstellung, dies zeigt die Befragung eindeutig. Eine Verzahnung der primär informationsschaffenden Abteilungen erscheint nützlich um eine Verbesserung zu bewirken, was auch von nahezu allen Experten bestätigt wird. Dennoch ist dies in den meisten Unternehmen nicht konsequent realisiert. Das Ordnungssystem sollte dahingehend optimiert sein, dass es ein effektives und effizientes Retrieval ermöglicht. Auch hier findet das Befragungsergebnis eine optimierbare Situation vor. Die Hypothesen konnten durch die Befragung vorläufig bestätigt werden.

In der Praxis kann das Modell des Informationslebenszyklus in Verbindung mit der Informationsstrategie auf verschiedene Art Nutzen stiften.

Zum einen kann der Informationslebenszyklus zu Analysezwecken eingesetzt werden um die eigene betriebliche Informationsversorgung auf Missstände hin zu untersuchen und gegebenenfalls Prozesse anzupassen.

Zum anderen stellt er einen konkreten Gestaltungsansatz dar, wie insbesondere die erfolgs-kritischen Informationen, gemanagt werden können, um die mit dem Faktor Information verbundenen Wettbewerbsvorteile zu heben.

Entgegen den Trends zur weiteren Automatisierung und Outsourcing vertritt dieses hier vorgestellte Modell teils nichttechnische Ansätze wie Konzentration auf erfolgskritische Informationen, Management entlang eines Lebenszyklus der Information, Verzahnung von primär informationsschaffenden Bereichen, inhaltliche Prüfung und klare Zieldefinitionen. In wie weit dieses theoretische Modell, in der Gesamtheit, in der Praxis Nutzen stiften kann, könnte ein Experiment zeigen.

Die Befragung hat ferner ergeben, dass die Mehrheit der Befragungsteilnehmer keine Notwendigkeit darin sieht Daten, Informationen und Wissen differenziert zu betrachten. Möglicherweise besteht hier eine Ursache-Wirkungsbeziehung zwischen der Perspektive auf Daten, Informationen und Wissen und dem Leistungsoptimierungsbedarf des Informationsmanagements in Unternehmen. Unter Umständen steht im Informationsmanagement in Unternehmen generell mehr die Technik als die Ressource Information im Fokus. Dies sollte ebenfalls weiter untersucht werden.

Es zeigt sich, dass die Güte der Informationsnutzung entscheidet. In diesem Zusammenhang rücken organisatorische und menschliche Aspekte in das Gestaltungskalkül. Zielgerichtetes Talentmanagement, optimiertes Recruiting und hochwertige Führungskräfteentwicklung sind für einen erfolgreichen Informationseinsatz ebenso große, wenn nicht gar größere, Hebel als die technische Infrastruktur.[108]

Auch Research- und Informationsabteilungen können, in Abhängigkeit ihres Geschäftsauftrages, großen Nutzen stiften, um den Informationseinsatz im Unternehmen zu optimieren.[109]

---

[108] vgl. a. Weck, R.; Informationsmanagement im globalen Wettbewerb; Oldenbourg; München; 2003; S. 183–193, 221–222, vgl. a. North K.; Kompetenzmanagement in der Praxis; Gabler; Wiesbaden; 2005; S. 13–20, 65–98, 103–131

[109] Competitive Intelligence, Markt- und Branchenmonitoring, Informationsversorgung durch das Instrument Stakeholder Management oder Information Brokerage Ansäte bspw. sind viel zu selten genutzte Potentiale in der Informationsversorgung.

7   Ausblick

Letztlich sind es die richtigen und rechtzeitigen unternehmerischen Entscheidungen, die einen Wettbewerbsvorteil und den Erfolg am Markt werden lassen. Daher ist neben der optimalen Nutzung von Information und Wissen im geschäftlichen Alltag, auch die adäquate Versorgung im Entscheidungsprozess von wesentlicher Bedeutung[110].

Für diesen strategischen Ansatz ist ein ganzheitliches Managementkonzept eine notwendige Voraussetzung, das hier vorgestellte Lebenszyklusmodell kann ein Teil davon sein. Eine, in der Regel, große Herausforderungen im Aufbau eines ganzheitlichen Managementkonzepts werden insb. die übergreifenden Schnittstellensachverhalte, die strategisch-planerische Grundlage sowie Messung, Bewertung und Controlling sein. Gerade im letzten Fall werden Maßnahmen häufig nicht ergriffen, weil die Ambitionen und Anforderungen an die Genauigkeit der Daten über das Ziel hinaus gehen.

Information und Wissen nicht technisch, sondern als Managementsachverhalte zu betrachten, ist eine vergleichsweise junge Perspektive. Für Marktakteure in modernen Ökonomien ist es allerdings fahrlässig sie auszuschließen. Die Bedeutung von Information und Wissen für den Unternehmenserfolg ist unbestritten und belegt groß. Allerdings gibt es zwei Hemmfaktoren die begründen warum es nicht strategisch gemanagt wird: Der implizite Charakter der Sachverhalte und die Schwierigkeit einer isolierten Wertbeitragsquantifizierung. Es ist zu vermuten, dass die infrastrukturell und eher technisch geprägte Perspektive auf Information und Wissen in der Breite der Wirtschaft noch einen längeren Zeitraum bestehen wird und die Potentiale nicht voll genutzt werden.

---

[110]   Vgl. Abschnitt „Aufbereitung" im Informationslebenszyklus.

Teil II
Wettbewerbsvorteil Wissen

Kenneth Pfüller

1 Einleitung

Seit dem Beginn des 20. Jahrhunderts verändert eine Vielzahl von technischen Neuerungen das Alltagsleben. Allein die Entwicklung der digitalen Rechnerleistung, die mit Lochkartenmaschinen in den 30er Jahren ihren Anfang hatte, vereinfacht und beschleunigt viele alltägliche Vorgänge, wie die Erstellung von Texten, das Lösen von mathematischen Aufgaben, bis hin zu der Kommunikation über das Internet oder Satelliten gesteuerter Navigation.

Neben den Veränderungen im persönlichen Alltagsleben, sind auch Veränderungen in der Gesellschaft bemerkbar. Die Ursache von gesellschaftlichen Veränderungen, ist die zentrale Fragestellung in den „Theorien des sozialen Wandels"[111]. *Schäfers* stellt heraus, dass sich verschiedene Faktoren, wie Ökonomie, Technik, Kultur, Politik und Globalisierung gemeinsam auf den sozialen Wandel auswirken und dies ein Konsens unter den „neueren Theorien"[112] darstellt.

Otto und *Sonntag* stellen die technische Entwicklung als Antrieb für die gesellschaftliche Veränderung in den Vordergrund und betonen dabei das Zusammenspiel der technischen und sozialen Entwicklung.[113]

Technische Entwicklungen werden von der wirtschaftlichen Dynamik, den sozialen Bedingungen und den politischen Rahmenbedingungen beeinflusst. Umgekehrt werden die gesellschaftlichen und wirtschaftlichen Bedingungen durch die technische Entwicklung beeinflusst.[114]

Die Form der Arbeit des Großteils der erwerbstätigen Bevölkerung einer Gesellschaft bestimmt den Gesellschaftstypen. In der Agrargesellschaft sind die meisten Menschen in der Landwirtschaft tätig, in der Industriegesellschaft arbeiten die meisten Menschen in Industrieberufen und gehen mit Maschinen und Material um und in der Informationsgesellschaft ist die Mehrheit der erwerbstätigen Bevölkerung in Informationsberufen tätig. Informationsberufe sind Berufe in denen mit Information, Zeichen, Signalen und Bildern gearbeitet wird.[115]

Neben Veränderungen in technischer, gesellschaftlicher und persönlicher Hinsicht, vollzieht sich auch ein ökonomischer Wandel. *Schäfers* identifiziert einige „Trends des sozialen Wandels"[116], unter anderem folgenden Trend, der beispielhaft für die ökonomische Veränderung ist: „Der Trend, (schwere) körperliche Arbeit durch Mechanisierung und Automatisierung

---

[111] Bernhard Schäfers, „Sozialstruktur und sozialer Wandel in Deutschland" S. 11.
[112] Bernhard Schäfers, „Sozialstruktur und sozialer Wandel in Deutschland" 2004, S. 12.
[113] Vgl. Peter Otto, Philipp Sonntag „Wege in die Informationsgesellschaft" 1985.
[114] Vgl. Peter Otto, Philipp Sonntag „Wege in die Informationsgesellschaft" 1985, S. 7.
[115] Vgl. Peter Otto, Philipp Sonntag „Wege in die Informationsgesellschaft" S. 7.
[116] Bernhard Schäfers, „Sozialstruktur und sozialer Wandel in Deutschland" 2004, S. 12.

der Arbeitsvollzüge ersetzen zu wollen"[117]. Dieser Trend läutet das Ende der Industriegesellschaft ein, in dem immer weniger erwerbstätige Menschen körperliche Arbeit ausüben. Der Übergang in die Informationsgesellschaft ist nach *Otto* und *Sonntag* ein andauernder Prozess und noch nicht beendet.

Als einen weiteren ("Mega"[118]-) Trend, nennt *Schäfers* die „Globalisierung"[119]. *Bartling* und *Luzius* sehen einhergehend mit der Globalisierung eine Beschleunigung des technischen Fortschritts. Damit verbunden, ist das Sinken der Kommunikations- und Transportkosten, welche die Kommunikation und den Transport erleichtern und unter anderem zu einer höheren Arbeitskraftmigration führen. *Bartling* und *Luzius* sehen somit wenig qualifizierte Arbeitsplätze durch technischen Fortschritt und Konkurrenz durch billigere Arbeitskräfte in Entwicklungsländern bedroht. Des Weiteren stellt die Globalisierung eine Chance für mobile und flexible Unternehmen dar, während sie für schwache und träge Unternehmen Wettbewerbsdruck mit sich bringt.[120]

Es bleibt also festzuhalten, dass die ökonomische, technische, politische und soziale Entwicklung, die in der Literatur oft[121] als Wandel hin zur Informationsgesellschaft bezeichnet wird, einen Rückgang der gering-qualifizierten Arbeitsplätze und höheren Wettbewerbsdruck durch Globalisierung in den weiterentwickelten Industrienationen mit sich bringt.

Moderne Industrienationen haben den Vorteil über qualitativ hochwertige Arbeitskräfte zu verfügen.[122] Es ist also das Wissen der Menschen, welches den Wettbewerbsvorteil ausmacht.[123] Um diesen Vorteil zu bewahren, raten *Bartling* und *Luzius*, dass sich Industrienationen „in erster Linie auf ausbildungsintensive, d.h. vor allem neue und weiterzuentwickelnde Güter spezialisieren."[124] Damit erlangt die Ressource Wissen und damit auch das Wissensmanagement einen ganz neuen und viel bedeutenderen Stellenwert.

Wissen als Wettbewerbsfaktor

In Deutschland ist die Systematik des Umgangs mit der Ressource Wissen von Unternehmen zu Unternehmen unterschiedlich.[125] Dies begründet sich aus den unterschiedlichen Gründen für die Durchführung von Wissensmanagement[126], den unterschiedlichen Wissensständen über Methodiken des Wissensmanagements und aus der Tatsache, dass es kein einheitliches Verständnis von Wissensmanagement gibt.[127] In der Literatur findet man lediglich Verglei-

---

[117] Bernhard Schäfers, „Sozialstruktur und sozialer Wandel in Deutschland" 2004, S. 12.

[118] Bernhard Schäfers, „Sozialstruktur und sozialer Wandel in Deutschland" 2004, S. 12.

[119] Bernhard Schäfers, „Sozialstruktur und sozialer Wandel in Deutschland" 2004, S. 12.

[120] Vgl. Hartwig Bartling, Franz Luzius „Grundzüge der Volkswirtschaftslehre" 2000, S. 299, 300.

[121] Vgl. Rainer Kuhlen 1996, Helmut F. Spinner 1998, Peter Otto 1985, Philipp Sonntag 1985, Frank Linde 2005.

[122] Vgl. Hartwig Bartling, Franz Luzius „Grundzüge der Volkswirtschaftslehre" 2000, S. 305.

[123] Gilbert Probst, Steffen Raub, Kai Romhardt „Wissen managen" 2006, S. 3 und Jürgen Bussiek, „Informationsmanagement im Mittelstand" 1994, S. 26, 27.

[124] Hartwig Bartling, Franz Luzius „Grundzüge der Volkswirtschaftslehre" 2000, S. 305.

[125] Vgl. Fraunhofer-Wissensmanagement Community „Information und Wissen 2005" 2005, S. 36.

[126] Vgl. Fraunhofer-Wissensmanagement Community „Information und Wissen 2005" 2005, S. 36.

[127] Vgl. Fraunhofer-Wissensmanagement Community „Information und Wissen 2005" 2005, S. 36.

che verschiedener Ansätze.[128] Die Auswahl der richtigen Methoden, ist dann Aufgabe der Unternehmensführung. Vor allem im Mittelstand scheuen noch viele Unternehmen aus Kostengründen das Thema Wissensmanagement.[129] Allerdings ist ein Umbruch zu erkennen. *Willke* spricht von Wissen als „Operationsbedingung und als notwendige Steuerungsressource"[130] die neben die traditionellen Infrastrukturen von Macht und Geld tritt. Auch was die Systematik angeht, werden immer mehr Versuche unternommen Einheitlichkeit durch Leitfäden oder standardisierte Verfahren zu erreichen. Beispiele hierfür sind der Arbeitskreis Wissensbilanz und der Workshop des CEN/ISSS der 2004 einen Leitfaden namens „Europäischer Leitfaden zur erfolgreichen Praxis im Wissensmanagement"[131] erstellte. Viele Unternehmen betreiben Wissensmanagement ohne es zu realisieren, weil die getroffenen Maßnahmen anderen Managementkategorien untergeordnet sind. In wie weit sich das Vorgehen branchengleicher Unternehmen oder gleichgroßer Unternehmen ähnelt ist unklar.

Der folgende Buchteil soll Grundbegriffe und die diesbezüglichen wesentlichen Sachverhalte darstellen und erläutern. In einem empirischen Untersuchungsteil wurde zudem der Einfluss von Unternehmensgröße und Branche auf die Auswahl und Intensität der Wissensmanagementaktivitäten untersucht.

---

[128] Vgl. Hans Dietmar Bürgel „Wissensmanagement" 1998 und Kai Mertins, Kay Alwert, Peter Heisig „Wissensbilanzen" 2005.

[129] Vgl. Gabriele Vollmar Wissen + Kommunikation „Pragmatisch, einfach, gut – erfolgreicher Umgang mit Wissen" 2007, S. 5.

[130] Helmut Willke „Systemisches Wissensmanagement" 2001, S. 290.

[131] CEN/ISSS „Europäischer Leitfaden zur erfolgreichen Praxis im Wissensmanagement" 2004.

2 Begrifflichkeiten (Einführung in die Thematik)

Der Wissensbegriff und sein semantisches Umfeld werden von verschiedenen Wissenschaften unterschiedlich verstanden. Da die Begriffe Daten, Information und Wissen im Folgenden in einem wissenschaftlichen Kontext benutzt werden, ist es unumgänglich diese präzise zu definieren. Dabei wird von einer eigenen Definition sowie einer philosophischen Auseinandersetzung mit den oben genannten Begriffen abgesehen. Es werden etablierte Definitionen beschrieben und verglichen. Da die Anzahl der existierenden Definitionen aus verschiedenen Wissenschaftsbereichen eine überschaubare Größe übersteigt, wird hier, eine nach wirtschaftswissenschaftlichen Kriterien selektierte Auswahl verglichen und diskutiert. Aus diesem Vergleich geht hervor, welche Definitionen für die Thematik relevant sind und im Folgenden verwendet werden.

2.1 Daten, Information und Wissen

Daten

Daten sind nach *Kuhlen* „syntaktisch definierte Zeichen"[132]. Auch *North* definiert Daten als (durch eine Syntax) geordnete Zeichen.[133] *Willke* schließt sich diesen Definitionen an, und bemerkt weiter, dass die Arten der Kodierung auf drei Möglichkeiten beschränkt sind. *Willke* spricht hier von einer „fundamentalen Beschränkung"[134]. Ein Datum kann, um existent zu sein, nur in drei verschiedenen Arten kodiert sein: „Zahlen, Sprache/Texte und Bilder".[135]

Information

„Aus Daten werden Informationen durch Einbindung in einen ersten Kontext aus Relevanzen, die für ein bestimmtes System gelten."[136] Damit sagt *Willke*, dass es einer Interpretation von Daten bedarf, um aus Ihnen Information zu machen. Auch *North* definiert Information als „Daten, die in einem Bedeutungskontext stehen"[137]. *Kuhlen* differenziert weiter und betont, dass Daten, durch „Konventionen/Regeln semantisch interpretiert"[138] werden müssen.

---

[132] Rainer Kuhlen „Informationsmarkt" 1996, S. 39.
[133] Vgl. Klaus North „Wissensorientierte Unternehmensführung" 2002, S. 38.
[134] Helmut Willke „Systemisches Wissensmanagement" 2001, S. 7.
[135] Helmut Willke „Systemisches Wissensmanagement" 2001, S. 7.
[136] Helmut Willke „Systemisches Wissensmanagement" 2001, S. 7.
[137] Klaus North „Wissensorientierte Unternehmensführung" 2002, S. 38.
[138] Rainer Kuhlen „Informationsmarkt" 1996, S. 39.

Wissen

Wissen als ein Begriff, der schon seit der Antike diskutiert und definiert wird, wird sowohl von *Willke* als auch von *North* und *Kuhlen* als in pragmatischen Zusammenhängen und Erfahrungsmustern vernetzte Information definiert.

> *"Aus Information wird Wissen durch Einbindung in einem zweiten Kontext von Relevanzen. Dieser zweite Kontext besteht nicht wie der erste, aus Relevanzkriterien sondern aus bedeutsamen Erfahrungsmustern, die das System in einem speziell dafür erforderlichen Gedächtnis speichert und verfügbar hält. Wissen ist ohne Gedächtnis nicht möglich".*[139]

Wissen ist damit personengebunden und nur durch Kommunikation, also über die Transformation in Information und Daten übertragbar. Die Aufnahme von Wissen, also der Prozess der Dateninterpretation und der Einbau der Information in kognitive Zusammenhänge, ist abhängig von den individuellen Relevanzkriterien und Erfahrungsmustern.

Norths Wissenstreppe

Eine weitläufig etablierte Unterscheidung von Daten, Information und Wissen stellt die Wissenstreppe von North dar.[140]

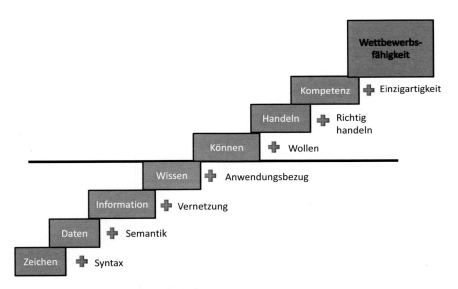

Abbildung 37:   Wissenstreppe nach North

Wie die Abbildung zeigt, sind die drei Begriffe auf unterschiedlichen Stufen eingeordnet. Die Stufenhöhe von Daten, Information und Wissen, steigt in der genannten Reihenfolge. *North* beschreibt damit, wie Wettbewerbsfähigkeit aus Wissen und Kompetenz entsteht. Wissen und Kompetenz wiederum entstehen, wenn Daten und Zeichen interpretiert und ge-

---

[139]   Helmut Willke „Systemisches Wissensmanagement" 2001, S. 11.
[140]   Vgl. Klaus North „Wissensorientierte Unternehmensführung" 2002, S. 38.

speichert werden. Die Generierung von gesteigerter Wettbewerbsfähigkeit ist ein Prozess der erst durch das Wirken von menschlichen Fähigkeiten, wie Interpretation und Speicherung, auf Zeichen möglich ist. Die einzelnen Treppenstufen sind sowohl als dauerhafte Zustände, als auch als Phasen in einem dynamischen Entwicklungsprozess zu sehen. *North* schafft durch seine Wissenstreppe eine einfache Abgrenzung zwischen den Begriffen. Der Zusammenhang zwischen den Treppenstufen wird deutlich und das es einen Mensch bedarf, um aus Zeichen Wissen, Kompetenz oder sogar Wettbewerbsvorteile zu generieren.

2.2 Implizites und explizites Wissen

Eine weit etablierte Wissensdefinition ist die von *Polanyi*. Er unterteilt Wissen in implizites und explizites Wissen.

Implizites Wissen stellt hier das Wissen im Kopf und Körper des Menschen dar, welches der Wissende nicht unbedingt erklären können muss. Ein Beispiel dafür ist die Fähigkeit Ski zu fahren. Viele können dies, ohne erklären zu können, wie sie es tun. *Polanyi* deutet darauf hin, dass Menschen „Wissen haben, das wir nicht in Worte fassen können."[141]

Implizites Wissen meint damit zwei Arten von Wissen. Einmal das, welches bewusst gewusst und das, welches unbewusst gewusst wird und damit auch nicht verbal beschreibbar ist. In der deutschen Sprache wird in vielen Fällen diese Trennung durch die „… Unterscheidung von ‚Wissen' und ‚Können'…"[142] vereinfacht. Im Englischen hingegen ist die Verwandtschaft durch die Bezeichnungen "… knowing that und knowing how bei Gilbert Ryle."[143] noch besser erkennbar.

Explizites Wissen ist bewusst gewusstes und externalisiertes Wissen. Externalisiert meint hier in irgendeiner Form kodiertes und in einer Transportform vorhandenes Wissen. Explizites Wissen ist also kommunizier- und außerhalb des Menschen speicherbar.[144] Damit sind sowohl Inhalte von Dokument- und Patentdatenbanken, Büchern oder entwickelte Maschinen eine Form von explizitem Wissen.

2.3 Kollektives Wissen

Sowie einzelne Personen lernen und wissen können, können auch Organisationen lernen und wissen. Mit kollektivem Wissen ist nicht das Gesamtwissen der Personen in einem Kollektiv gemeint, sondern sowohl die effiziente Koordination von Interaktionen der Personen in einem Kollektiv, als auch Dokumentation solcher Vorgehensweisen.

„Vor allem sind dies Standardverfahren [...], Leitlinien, Kodifizierungen, Arbeitsprozess-Beschreibungen, etabliertes Rezeptwissen für bestimmte Situationen, Routinen,

---

[141] Michael Polanyi „Implizites Wissen" 1985, S. 19.
[142] Michael Polanyi „Implizites Wissen" 1985, S. 16.
[143] Michael Polanyi „Implizites Wissen" 1985, S. 16.
[144] Vgl. Helmut Willke „Systemisches Wissensmanagement" 2001, S. 13.

Traditionen, spezialisierte Datenbanken, kodiertes Produktions- und Projektwissen und die Merkmale der spezifischen Kultur einer Organisation."[145]

„Durch die Speicherung von Wissen in Organisationen in so genannten Wissenssystemen werden Handlungsmuster festgehalten. Damit wird individuelles Verhalten und Handeln zu überdauerndem, replizierbarem Wissen der Organisation."[146]

Kollektives Wissen ist wie individuelles Wissen nicht immer externalisierbar. Es liegt also sowohl in impliziter als auch expliziter Form vor.

2.4   Zusammenfassung

Wichtig für das Verständnis der oben definierten Begrifflichkeiten ist eine offene und flexible Sichtweise. Ein Textdokument kann sowohl Daten als auch Informationen darstellen. Erst der Grad der kognitiven Verarbeitung des Lesers bestimmt welchen Status das Textdokument innehat.

Als Ergebnis kann man festhalten, dass es für den Wissensbegriff zwei in der Wissensmanagementliteratur häufig verwendete Definitionsansätze gibt. Dies sind zum einen der Ansatz, den *Kuhlen* und *North* verfolgen und zum anderen der von *Polanyi*.

Die beiden Definitionen gemeinsam zu verwenden, kann zu Unklarheiten führen. Der Begriff „explizites Wissen" von *Polanyi*, stellt hierbei das Problem dar. Ein Textdokument ist nach *Polanyis* Definition explizites Wissen. Nach *North* sind dort lediglich Zeichen enthalten, die erst von einem Menschen verstanden und gespeichert werden müssen, um daraus Information und daraufhin Wissen zu generieren. Auch für *Kuhlen* ist eindeutig, dass in einem Textdokument kein Wissen enthalten ist. *Kuhlen* erklärt hierzu, dass Datenbanken und Bücher kein Wissen enthalten, sondern lediglich Wissen repräsentieren, da z.B. einem Buch der „Mechanismus"[147] fehlt, „Daten zu lesen und zu verstehen"[148].

Lediglich in der impliziten Form des Wissens nach *Polanyi*, finden sich die Eigenschaften wieder, die auch *North* und *Kuhlen* dem Wissensbegriff zuschreiben.

Da die genaue Differenzierung des Begriffs ‚explizites Wissen' einen tiefer gehenden philosophischen Exkurs verlangen würde, der den Umfang dieser Untersuchung zu sehr vergrößern würde, wird folgender Kompromiss eingegangen: Explizites Wissen und Daten, werden im Folgenden synonym verwendet. Außerdem werden die Begriffe implizites Wissen und Wissen synonym verwendet.

---

[145]   Helmut Willke „Systemisches Wissensmanagement" 2001, S. 16.
[146]   Gilbert Probst, Bettina Büchel „Organisationales Lernen" 1994, S. 18.
[147]   Rainer Kuhlen „Informationsmarkt" 1996, S. 39.
[148]   Rainer Kuhlen „Informationsmarkt" 1996, S. 39.

3   Wissensmanagement

Das Verständnis über den Wissensbegriff ist auf Grund seiner unterschiedlichen Definitionen von der jeweiligen Wissenschaftsdisziplin und der dazu gehörigen Definition abhängig. Auch der Begriff Wissensmanagement wird von mindestens zwei Wissenschaftsdisziplinen unterschiedlich genutzt. Dies sind zum einen die Wirtschaftswissenschaft und zum anderen die Informationstechnologie. In der Informationstechnologie werden Daten als Wissensressource gesehen und deren Management mit Wissensmanagement gleichgesetzt.[149]

In der wirtschaftswissenschaftlichen Literatur wird Wissensmanagement nicht auf diesen technischen Aspekt limitiert. Hier wird der Mensch als Träger der Ressource Wissen in den Vordergrund gestellt.[150] Der technische Aspekt, also das Kodifizieren von Wissen in Daten, ist Teil des Wissensmanagements.[151] Im Folgenden wird Wissensmanagement ebenfalls als ganzheitlicher Ansatz verstanden. Dies wird in der Definition der CEN/ISSS deutlich.

> *„Wissensmanagement ist das Management der Aktivitäten und Prozesse, welche die Wirksamkeit von Wissen steigern und die Wettbewerbsfähigkeit durch bessere Nutzung und Erzeugung von individuellen und kollektiven Wissensressourcen stärken."*[152]

Das CEN/ISSS entwickelte in einem Workshop einen „Europäischen Leitfaden zur erfolgreichen Praxis im Wissensmanagement"[153]. Aus diesem Leitfaden gehen sowohl die oben präsentierte Wissensmanagementdefinition, als auch fünf Kernaktivitäten des Wissensmanagements hervor. Die Kernaktivitäten des Leitfadens wurden 2004 auf Grundlage einer Analyse von über 150 Wissensmanagementkonzepten, empirischer Forschung und praktischer Erfahrung erarbeitet.[154] Die Kernaktivitäten des Leitfadens werden im Folgenden, mit einer Ausnahme, als Arbeitsgrundlage übernommen. Diese Ausnahme wird auf den folgenden Seiten dargestellt und erklärt.

---

[149] Vgl. Rainer Kuhlen „Informationsmarkt" 1996, S. 129.

[150] Vgl. Gilbert Probst, Stefan Raub, Kai Romhardt „Wissen managen" 2006, S. 18, 19.

[151] Vgl. Samuel Falk „Personalentwicklung, Wissensmanagement und Lernende Organisation in der Praxis" 2007, S.42.

[152] CEN/ISSS. „Europäischer Leitfaden zur erfolgreichen Praxis im Wissensmanagement" 2004, S. 10.

[153] Vgl. CEN/ISSS. „Europäischer Leitfaden zur erfolgreichen Praxis im Wissensmanagement" 2004.

[154] Vgl. CEN/ISSS „Europäischer Leitfaden zur erfolgreichen Praxis im Wissensmanagement" 2004, S. 10.

3.1   Wissensmanagementkernaktivitäten des Europäischen Leitfadens zur erfolgreichen Praxis im Wissensmanagement

Die im Folgenden untersuchten Methoden der Wissensmanagementkernaktivitäten, wurden überwiegend von *Probst, Raub* und *Romhardt* als solche benannt. Das Wissensmanagement Modell von *Probst, Raub* und *Romhardt* ist dem des CEN/ISSS sehr ähnlich. Zu jeder in diesem Kapitel erwähnten Methode einer Kernaktivität, wurde in der Umfrage die im späteren Verlauf thematisiert wird, eine Frage gestellt.

3.1.1   Wissen identifizieren

In der Abbildung 2 (Seite 7) ist dieser Kernprozess oben in der kreisförmigen Formation. Deshalb beginnt auch die Beschreibung der einzelnen Kernaktivitäten mit dem Kernprozess Wissen identifizieren. Damit soll verdeutlicht werden, dass mit diesem Kernprozess die Möglichkeit eines Einstiegs in das Wissensmanagement gesehen wird, da durch die Identifikation von Wissen auch Wissenslücken identifiziert werden.[155] Um die Unternehmensstrategie unterstützenden Wissensziele und -strategien zu formulieren, ist eine Analyse des vorhandenen Wissens und der Wissenslücken vorteilhaft.[156]

Die im Folgenden untersuchten Methoden der Kernaktivität *Wissen identifizieren* sind:

- Wissenslandkarte
- Kundenfeedback
- Lieferantenfeedback
- Expertenverzeichnis
- Identifikation von Best Practice

Es folgen Beschreibungen der einzelnen Methoden.

Wissenslandkarten

Wissenslandkarten visualisieren den Wissensbestand eines Unternehmens und an welcher Stelle in einem Unternehmen Wissen zu finden ist. Dies ist nicht auf implizites Wissens (also auf Menschen als Wissensträger) beschränkt, sondern beinhaltet auch explizites Wissen, also digitale Daten oder Printmedien.[157]

Kunden- und Lieferantenfeedback

Um Erkenntnisse über das eigene Unternehmen zu generieren, werden häufig externe Quellen befragt.[158] Die Befragung von Kunden und Lieferanten ist kostenlos und einfach. In der richtigen Situation können beide Gruppen auf Grund der nahen Beziehung zum Unternehmen bei der Identifikation von Wissen oder Wissenslücken behilflich sein. Die richtige Auswahl der externen Wissensquellen ist für viele Unternehmen eine große Herausforderung.[159]

---

[155]   Wolfgang Jaspers, Gerrit Fischer „Wissensmanagement heute" 2008, S.18.
[156]   Vgl. CEN/ISSS „Europäischer Leitfaden zur erfolgreichen Praxis im Wissensmanagement" 2004, S. 13.
[157]   Vgl. Gilbert Probst, Stefan Raub, Kai Romhardt „Wissen managen" 2003, S. 67 ff.
[158]   Vgl. Gilbert Probst, Stefan Raub, Kai Romhardt „Wissen managen" 2006, S. 80.
[159]   Vgl. Gilbert Probst, Stefan Raub, Kai Romhardt „Wissen managen" 2006, S. 80, 81.

Expertenverzeichnis

Um die in einem Unternehmen vorhandenen Kompetenzen bei Bedarf schnell abrufen zu können, können so genannte Expertenverzeichnisse erstellt werden. Diese bilden die Kompetenzen der einzelnen Mitarbeiter und deren Kontaktdaten ab. So kann bei Bedarf derjenige, der in dem betreffenden Gebiet eine Kompetenz darstellt, kontaktiert und um Rat gefragt werden.[160] Im Vergleich zur Wissenslandkarte wird hier nur das Humankapital visualisiert.

Best Practice

Best Practice baut auf dem Prinzip des Leistungsvergleichs auf (Benchmarking).[161] Best Practices sind Vergleiche zwischen verschiedenen Arbeitsweisen (sowohl methodisch als auch praktisch).[162] Es soll herausgefunden werden, warum bei gleichem Ressourcenaufwand unterschiedliche Leistungen erbracht werden (Identifikation von Best Practice). Im zweiten Schritt wird dann versucht, aus dieser Erkenntnis zu lernen und die Eigenleistung, wenn diese im Vergleich schlechter ist, anzupassen (Best Practice Transfer).[163]

3.1.2 Wissen erzeugen

Nachdem eventuell Wissenslücken identifiziert wurden, gilt es adäquate Maßnahmen für die Generierung von Wissen zu finden, um diese Lücken zu füllen. Unter diesem Kernprozess werden alle Maßnahmen verstanden, die eine Mehrung des zum Unternehmenserfolg beitragenden Wissens, sowohl in impliziter, als auch in expliziter Form, erreichen.[164] Solche Maßnahmen können sowohl die Bearbeitung und Aufarbeitung interner Wissensquellen betreffen, als auch den Erwerb externer Wissensbestände.

Die im Folgenden untersuchten Methoden der Kernaktivität *Wissen erzeugen* sind:

- Berichterstellung nach Projekten
- Berichterstellung während Projekten
- Berichterstellung bei persönlichem Interesse
- Personalentwicklungsprozesse
- Kooperation mit Hochschulen
- Wissensaustausch mit Lieferanten
- Wissensaustausch mit Kunden
- Wissensaustausch mit Konkurrenten
- Recruiting (Headhunting)
- M&A-Aktivitäten
- Competitive Intelligence
- Lessons Learned

Es folgen Beschreibungen der einzelnen Methoden.

---

[160] Vgl. Gilbert Probst, Stefan Raub, Kai Romhardt „Wissen managen" 2003, S. 67.
[161] Vgl. Horst Steinmann, Georg Schreyögg „Management" 2000, S. 470.
[162] Vgl. Gilbert Probst, Stefan Raub, Kai Romhardt „Wissen managen" 2003, S. 64, 65.
[163] Vgl. Gilbert Probst, Stefan Raub, Kai Romhardt „Wissen managen" 2006, S. 164.
[164] Vgl. CEN/ISSS „Europäischer Leitfaden zur erfolgreichen Praxis im Wissensmanagement" 2004, S. 14.

Berichterstellung nach und während Projekten

Unter diesem Punkt werden zwei Methoden subsumiert. Die Punkte ähneln sich stark, so dass sie in einem Abschnitt erklärt werden können. Sie werden oben separat aufgeführt, weil in der später folgenden Umfrage zu jedem Punkt eine Frage gestellt wird.

Projektberichte werden üblicherweise während und vor allem nach Beendigung von Projekten erstellt. Sie dienen der Protokollierung des Projektablaufs und dokumentieren Besonderheiten, die während eines Projekts aufgetreten sein könnten. Die Erstellung dieser Berichte erzeugt explizites Wissen in Dokumentenform.

Berichterstellung bei persönlichem Interesse

Unter dieser Form der Berichte sind hier alle Textdokumente zu verstehen, die nicht automatisch durch einen Prozess produziert werden, aber dem Unternehmenszweck dienen. Es handelt sich um freiwillig erstellte Berichte. Dabei ist der Autor davon überzeugt, dass der Bericht für das Unternehmen einen Mehrwert darstellt. Oft werden die Mitarbeiter zu Berichten dieser Art durch ein Belohnungssystem motiviert. Die Erstellung solcher Berichte ist eine mögliche Form der Externalisierung.[165] Die darauf folgende Bereitstellung des Berichts in Dokumentenform bereichert das Unternehmen um eine Wissensquelle.[166]

Personalentwicklungsprozesse

Personalentwicklung und Wissensmanagement überschneiden sich zum Teil thematisch. Während bei der Personalentwicklung das an den Menschen gebundene Wissen im Fordergrund steht, umfasst Wissensmanagement auch das explizite, bereits externalisierte Wissen.[167] Personalentwicklung wird von BECKER wie folgt definiert:

> *„Personalentwicklung umfasst alle Maßnahmen der Bildung, der Förderung und der Organisationsentwicklung, die von einer Person oder Organisation zur Erreichung spezieller Zwecke zielgerichtet, systematisch und methodisch geplant, realisiert und evaluiert werden.“*[168]

Im weiteren Verlauf soll unter diesem Punkt herausgefunden werden, ob und wie Unternehmen den Bildungsverlauf ihrer Mitarbeiter systematisch vollziehen.

Kooperation mit Hochschulen

Kooperationen zwischen Unternehmen und universitären Lehrstühlen werden grundsätzlich in zwei Bereiche aufgeteilt. Zum einen gibt es den Technologie- und Wissenstransfer und zum anderen die berufsbezogene wissenschaftliche Weiterbildung.[169] Solche Zusammenarbeiten bergen für beide Seiten viele Vorteile. Während die Unternehmen nahe an Forschung und Theorien sind[170], können Universitäten ihren Studenten Einblicke in Unternehmen bie-

---

[165] Vgl. Gilbert Probst, Stefan Raub, Kai Romhardt „Wissen managen" 2003, S. 123, 124.
[166] Vgl. Gilbert Probst, Stefan Raub, Kai Romhardt „Wissen managen" 2003, S. 150.
[167] Vgl. Samuel Falk „Personalentwicklung, Wissensmanagement und Lernende Organisation in der Praxis" 2007, S.42.
[168] Manfred Becker „Personalentwicklung" 2005, S. 3.
[169] Vgl. Hochschul Rektoren Konferenz „Hochschule und Wirtschaft als Partner in Weiterbildung und Wissenstransfer auf dem europäischen Arbeitsmarkt" 1996, S. 29.
[170] Vgl. Gilbert Probst, Stefan Raub, Kai Romhardt „Wissen managen" 2006, S. 82.

ten. Bezogen auf den Technologie- und Wissenstransfer, können formeller (Forschungsauftrag) oder informeller (gemeinsame Projekte) Formen entstehen.[171]

Wissensaustausch mit Lieferanten

Lieferanten sind als Stakeholder ebenso wie Kunden eine mögliche Wissensquelle.[172] Durch einen systematischen Wissensaustausch kann auch eine solche Kooperation zu wichtigen Erkenntnissen führen.

Wissensaustausch mit Kunden

Bezieht man seine Kunden in gewisse Prozesse mit ein, so kann diese Zusammenarbeit nicht nur wie oben erwähnt zur Identifikation von Wissenslücken führen, sondern weitere Erkenntnisse liefern. Vor allem die Sichtweise der Kunden auf eigene Produkte kann für ein Unternehmen gewinnbringende Erkenntnisse bringen. Kundenideen gelten seit einiger Zeit als entscheidende Innovationsquelle.[173]

Wissensaustausch mit Konkurrenten

Die Möglichkeiten der Zusammenarbeit in der Wirtschaftswelt sind vielseitig. Auch Kooperationen mit Mitwettbewerbern sind denkbar. Eine solche Kooperation ist eine weniger risikoreiche und kostengünstigere Alternative zu einer Unternehmensübernahme. Hierbei werden nach der Festsetzung gemeinsamer Ziele diverse Ressourcen (unter anderem auch Wissen) gemeinsam verwendet um eine bessere Marktposition zu erreichen.[174]

Recruiting (Headhunting)

Headhunting als aggressivste Form von Recruitingmaßnahmen ist eine weit verbreitete Methode um eine vakante Stelle mit den geeigneten Kompetenzen zu versehen. Die wachsende Wahrnehmung für die Wichtigkeit von Humankapital hat eine ganze Branche entstehen lassen, die sich auf das auftragsmäßige rekrutieren von Fachpersonal spezialisiert hat.

Unter Headhunting versteht man eine gezielte Abwerbung von Mitarbeitern.[175]

M&A-Aktivitäten

Hat ein Unternehmen eine Wissenslücke identifiziert, ist die schnellste Lösung um diese Lücke zu schließen, der käufliche Erwerb dieses Wissens. Bezieht sich das zu erwerbende Wissen nicht nur auf individuelles Wissen, sondern auf kollektives, oder das Wissen mehrerer Personen, ist eine Übernahme eines anderen Unternehmens möglich. Unter gewissen Umständen ist diese Art der Wissenserzeugung effizienter als die Erzeugung durch eigenes Personal.[176]

---

[171] Vgl. Gilbert Probst, Stefan Raub, Kai Romhardt „Wissen managen" 2006, S. 82.
[172] Vgl. Gilbert Probst, Stefan Raub, Kai Romhardt „Wissen managen" 2006, S. 103.
[173] Vgl. Gilbert Probst, Stefan Raub, Kai Romhardt „Wissen managen" 2006, S. 104.
[174] Vgl. Gilbert Probst, Stefan Raub, Kai Romhardt „Wissen managen" 2006, S. 101, 102.
[175] Vgl. Gilbert Probst, Stefan Raub, Kai Romhardt „Wissen managen" 2006, S. 99.
[176] Vgl. Gilbert Probst, Stefan Raub, Kai Romhardt „Wissen managen" 2006, S. 100, 101.

Competitive Intelligence

Als Competitive Intelligence bezeichnet man Maßnahmen, die Informationen über Mitwettbewerber generieren. Diese Informationen können dazu dienen frühstmöglich Wissen über die Forschungsergebnisse der Konkurrenz zu erlangen oder methodisches Vorgehen der Konkurrenz zu identifizieren. Dieses Methodenwissen kann als Benchmark dienen und im Einzelfall als Best Practice übernommen werden.[177]

Lessons Learned

Die Methode Lessons Learned beschreibt eine systematische Erhebung von Erfahrungen, die in Projekten gemacht wurden und Erkenntnisse für zukünftige Projekte bringen könnten. Die Erhebung und eine Aufarbeitung der vorher erhobenen Informationen (Lessons Learned) werden in den Projektablauf integriert.[178]

3.1.3   Wissen speichern

Dieser Kernprozess beschreibt die Speicherung des expliziten und impliziten Wissens (Daten). Implizites Wissen ist laut oben genannter Definition nur innerhalb entsprechender kognitiver Strukturen möglich. Somit ist es nicht möglich, implizites Wissen technisch zu speichern. Menschen und Organisationen sind die Wissensspeicher impliziten Wissens.

Explizites Wissen dagegen, kann auf unterschiedliche Arten gespeichert werden. Dabei bedarf es der Beachtung einiger wichtiger Details. Eine systematische Klassifikation der Daten und Vermeidung von Redundanzen sind Beispiele hierfür.[179]

Die im Folgenden untersuchten Methoden der Kernaktivität *Wissen speichern* sind:

- Verwendung eines Dokumenten Managements Systems als Dokumentenablage
- Ruhestandsregelung (Rahmen-/Beraterverträge mit pensionierten Mitarbeitern)
- Best Practice Transfer
- Dokumentation von Prozessen
- Kollektive Begriffsbestimmungen

Die beiden folgenden Punkte – Speicherung von Dokumenten auf der lokalen Festplatte und Speicherung von Dokumenten im Emailaccount – sind in keiner Literatur als Methoden benannt. Allerdings wird in der empirischen Untersuchung nach diesen Möglichkeiten als Alternative zu der Methode – Verwendung eines Dokumenten Managementsystems als Dokumentenablage – gefragt. Sinn ist es zu erfahren, wo die Befragten unternehmensinterne Dokumente abspeichern.

Daher werden hier ergänzend aufgeführt:

- Verwendung von lokalen Festplatten als Dokumentenablage
- Verwendung von Emailverwaltungsprogrammen als Dokumentenablage

Es folgen Beschreibungen der einzelnen Methoden.

---

[177] Vgl. Gilbert Probst, Stefan Raub, Kai Romhardt „Wissen managen" 2006, S. 64.
[178] Vgl. Gilbert Probst, Stefan Raub, Kai Romhardt „Wissen managen" 2006, S. 133.
[179] Vgl. CEN/ISSS „Europäischer Leitfaden zur erfolgreichen Praxis im Wissensmanagement" 2004, S. 14.

Dokumenten-Management-Systeme

Unter Dokumenten-Management-Systemen (DMS) versteht man elektronische Systeme, die digitale Dokumente wiederauffindbar abspeichern. Ziel und Zweck eines DMS ist die einfache und sichere Speicherung und Verwaltung von digitalen Dokumenten.[180]

Verwendung von lokalen Festplatten und Emailaccounts als Dokumentenablage

Überall wo Computer eingesetzt werden, werden Daten auf einer Festplatte gespeichert. In Unternehmen die nicht über zentrale Datenarchivierungssysteme verfügen, ist die lokale Festplatte die Option zur digitalen Datenspeicherung.

Auch Emails oder angehängte Dokumente könne im Emailaccount gespeichert werden. Ob dies der dafür vorgesehene Speicherplatz ist, ist abhängig von Informationsinfrastruktur des jeweiligen Unternehmens.

Ruhestandsregelung (Rahmen-/Beraterverträge mit pensionierten Mitarbeitern)

Ein bekanntes Phänomen ist der Wissensverlust durch das Ausscheiden von alten Mitarbeitern. Neben ihnen scheidet oft jahrzehntelang angesammeltes Wissen über das Unternehmen und Erfahrungen aus. Es liegt nahe, die Möglichkeit zu wahren, diese ehemaligen Mitarbeiter weiter als beratende Instanz einzubeziehen.[181] Hierzu gibt es die Möglichkeit einer vertraglichen Bindung an das Unternehmen. Die pensionierten Mitarbeiter werden als freie Mitarbeiter bei Bedarf herangezogen. In wie weit das Arrangement der pensionierten Mitarbeiter darüber hinausgeht, ist von der Beziehung zwischen dem Unternehmen und dem ehemaligen Mitarbeiter abhängig.[182]

Best Practice Transfer

Die Erläuterung zu diesem Punkt wurde bereits unter Best Practice in Kapitel 3.1.1 gegeben.

Dokumentation von Prozessen

Das Dokumentieren von wichtigen Geschäftsprozessen hat mehrere Effekte. Zum einen wird der Ablauf von Ereignissen dokumentiert. Dies speichert Wissen über die Auswahl und Reihenfolge von Maßnahmen. Damit können nachfolgende oder andere Mitarbeiter Abläufe schneller verstehen und übernehmen.[183]

Zum anderen werden durch die Dokumentation oft Optimierungsmöglichkeiten aufgedeckt, also Anreize für das Prozessmanagement gegeben.[184]

---

[180] Vgl. Uwe Hanning „Knowledge Management und Business Intelligence" 2002, S. 434.

[181] Vgl. Gilbert Probst, Stefan Raub, Kai Romhardt „Wissen managen" 2006, S. 199.

[182] Vgl. Gilbert Probst, Stefan Raub, Kai Romhardt „Wissen managen" 2006, S. 199.

[183] Vgl. Andreas Abecker, Knut Hinkelmann, Heiko Maus, Heinz Jürgen Müller „Geschäftsprozessorientiertes Wissensmanagement" 2002, S. 65.

[184] Vgl. Andreas Abecker, Knut Hinkelmann, Heiko Maus, Heinz Jürgen Müller „Geschäftsprozessorientiertes Wissensmanagement" 2002, S. 65.

Kollektive Begriffsbestimmungen

Kollektive Begriffsbestimmungen werden eingeführt, um Kommunikationsproblemen vorzubeugen und die Effizienz von Kommunikation zu steigern. Synonyme und Akronyme könnten z.B. sonst zu Missverständnissen führen. Abkürzungen präzisieren, vereinfachen und beschleunigen Kommunikation.[185]

3.1.4   Wissen teilen

Hier sind wieder beide Formen des Wissens (explizit und implizit) angesprochen. Im Vordergrund steht bei der Distribution von Wissen, die Verfügbarkeit im Bedarfsfall. Da nicht jedes Mitglied einer Organisation Bedarf an allen Daten hat, ist neben dem Zeitpunkt auch die richtige Allokation entscheidend. Explizites Wissen wird meist technisch verteilt oder bereitgestellt. Beispiele hierfür sind das Informationsretrieval in Datenbanken und Emailverteilern. Implizites Wissen, kann lediglich durch direkte Kommunikation weitergegeben werden.

Maßnahmen dazu sind zum Beispiel das Coaching und Meister-Schüler-Beziehungen.[186]

Die im Folgenden untersuchten Methoden der Kernaktivität *Wissen teilen* sind:

* Meister-Schüler-Beziehungen
* Groupware
* Firmennewsletter
* Community of Practice
* Intranet
* Jobrotation
* Wikiplattform

Es folgen Beschreibungen der einzelnen Methoden.

Meister-Schüler-Beziehung

Meister-Schüler-Beziehungen werden vor allem in handwerklichen Bereichen durchgeführt. Dieses Modell wird auch auf Managementebene als Personalentwicklungsmaßnahem unter dem Begriff Mentoring eingesetzt.[187] In der Regel kommt diese Methode zum Einsatz, wenn entweder ein neuer Mitarbeiter eingearbeitet werden muss, oder wenn ein älterer Mitarbeiter vor dem Karriereende steht und sein Platz von einem jüngeren Mitarbeiter eingenommen werden soll.[188]

Groupware

Diese Bezeichnung umfasst Softwareprodukte, die kollaboratives Arbeiten ermöglichen.[189] Dies beinhaltet Funktionen wie Videokonferenzen, Chats, Foren, Zeit-, Projekt-, Informationsmanagement, Webpublikationen, Wikis, usw.[190]

---

[185] Vgl. Gilbert Probst, Stefan Raub, Kai Romhardt „Wissen managen" 2006, S. 203.
[186] Vgl. CEN/ISSS „Europäischer Leitfaden zur erfolgreichen Praxis im Wissensmanagement" 2004, S. 14.
[187] Vgl. Manfred Becker „Personalentwicklung" 2005, S. 410.
[188] Vgl. Manfred Becker „Personalentwicklung" 2005, S. 411.
[189] Vgl. Andreas Abecker, Knut Hinkelmann, Heiko Maus, Heinz Jürgen Müller „Geschäftsprozessorientiertes Wissensmanagement" 2002, S. 189.
[190] Vgl. Klaus North, Stefan Güldenberg „Produktive Wissensarbeit(er)" 2008, S. 226.

Firmennewsletter

Ein Newsletter ist eine Email an mehrere Menschen, die Neuigkeiten verteilt. Diese Art der Informationsverteilung basiert auf dem Push-Prinzip.[191]

Communities of Practice

Communities of Practice sind informelle, dezentral organisierte Gruppen von Mitarbeitern,

> *„die eine Leidenschaft für ein spezifisches Wissensgebiet teilen und in diesem Gebiet intensiv zusammenarbeiten möchten."*[192]

Auf diese Weise wird Wissen innerhalb der Gruppe weitergegeben und durch Explizierung sogar für Mitarbeiter außerhalb der Gruppe bereitgestellt.

Intranet

Ein Intranet ist ein, auf einen bestimmten Benutzerkreis (Mitarbeiter eines Unternehmens) beschränktes Portal. Es ist in der Regel über eine Internetverbindung zugänglich. Ein Intranet kann mehrere Funktionen wie Darstellung von Unternehmensnews, Newsletter, Foren, Chatrooms, Email usw. bereitstellen.[193]

Jobrotation

Unter Jobrotation versteht man mehrere strukturell gleichartig geordnete Arbeitsplatzwechsel, bis hin zum totalen Rundumwechsel.[194] Mit dieser Methode wird für die Rotierenden eine höhere Aufgabenvielfalt erreicht. Dies ermöglicht eine flexiblere Einsetzbarkeit der Mitarbeiter, an die Wissen aus verschiedenen Bereichen verteilt wurde.

Wikiplattform

Unter Wikis versteht man Webapplikationen. Diese Art Dokumentenverwaltung erlaubt nicht nur das Lesen, sondern auch das Verändern von gespeicherten Dokumenten. Somit können Berichte oder andere Formen von Dokumente über längere Zeiträume hinweg von mehreren Mitarbeitern veröffentlicht und weiter verändert werden.[195]

3.1.5 Wissen nutzen

Der Leitfaden beschreibt diesen Kernprozess als den eigentlichen wertschaffenden Prozess.[196] Dieser Kernprozess wird ebenfalls als die Schnittstelle in der Kette der Prozesse identifiziert. D.h., dass durch die Nutzung von Wissen erkennbar ist, ob Wissen vorhanden ist. Dass Wissen nicht genutzt wird, kann ein Zeichen für Wissenslücken oder andere Defizi-

---

[191] Vgl. Gilbert Probst, Stefan Raub, Kai Romhardt „Wissen managen" 2006, S. 151.

[192] Gilbert Probst, Stefan Raub, Kai Romhardt „Wissen managen" 2003, S. 169.

[193] Vgl. Uwe Hanning „Knowledge Managemenent und Business Intelligence"2002, S. 438 und Gilbert Probst, Stefan Raub, Kai Romhardt „Wissen managen" 2006, S. 156.

[194] Vgl. Horst Steinmann, Georg Schreyögg „Management" 2000, S. 513.

[195] Vgl. Gilbert Probst, Stefan Raub, Kai Romhardt „Wissen managen" 2006, S. 238.

[196] Vgl. CEN/ISSS „Europäischer Leitfaden zur erfolgreichen Praxis im Wissensmanagement" 2004, S. 15.

te sein. Somit hat dieser Kernprozess eine Feedbackfunktion. Werden vermehrt Wissenslücken vermutet, sollte eine neue Wissensidentifikation folgen.[197]

Da hier wesentlich ist, ob die vorhanden Wissensquellen in einem Unternehmen ausreichend genutzt werden und diese aus den Durchführungen der Wissensmanagementmethoden der anderen Kernaktivitäten resultieren, können keine Methoden für diese Kernaktivität untersucht werden. Eine qualitative Messung der Nutzung der anderen Methoden scheint nicht möglich. Es ist davon auszugehen, dass in einer Befragung keine wahrheitsgemäßen Angaben gemacht werden würden, wenn nach der Qualität der eigenen Nutzung einer Wissensquelle gefragt wird. Stattdessen werden im weiteren Verlauf die Intensitäten der Durchführungen aller anderen Methoden und Kernaktivitäten untersucht.

3.1.6   Wissenscontrolling

Wissenscontrolling wird im Folgenden zusätzlich zu den anderen Kernaktivitäten als Wissensmanagementaktivität aufgeführt. Da die Methoden für die Messung von immateriellen Werten (z.B. Wissen) eine intensive Auseinandersetzung mit der Thematik Wissen und Wissensmanagement voraussetzen, wird diese zusätzliche (Kern-)aktivität im weiteren Verlauf als wichtiger Indikator betrachtet. Obwohl es in der Literatur viele verschiedene Ansätze für die Messung von Wissen gibt[198], werden im Folgenden lediglich zwei verschiedene weit entwickelte Ansätze[199] untersucht.

Die im Folgenden untersuchten Methoden des Wissenscontrollings sind:

* Balanced Scorecard
* Wissensbilanz

Es folgen Beschreibungen der einzelnen Methoden.

Wissensbilanz

Die Wissensbilanz als Wissenscontrolling- bzw. Wissensmanagementtool stellt das Wissenskapital oder auch Intellektuelles Kapital genannt, dar.[200] Aus der Darstellung können Missstände oder Potentiale erkannt werden, die wiederum Handlungsempfehlungen ergeben.[201]

Die Wissensbilanz hat erst in den letzten Jahren durch Initiativen des Bundesministeriums für Wirtschaft und Arbeit an Bekanntheit gewonnen.[202]

[197] Vgl. CEN/ISSS „Europäischer Leitfaden zur erfolgreichen Praxis im Wissensmanagement" 2004, S. 15.
[198] Vgl. Kai Mertins, Kay Alwert, Peter Heisig „Wissensbilanzen"2005, S. 27 f.
[199] Vgl. Kai Mertins, Kay Alwert, Peter Heisig „Wissensbilanzen"2005, S. 35 und Kai Mertins, Kay Alwert, Peter Heisig „Wissensbilanzen"2005, S. 27.
[200] Vgl. Gilbert Probst, Stefan Raub, Kai Romhardt „Wissen managen" 2006, S. 4.
[201] Vgl. Kai Mertins, Kay Alwert, Peter Heisig „Wissensbilanzen"2005, S. 12.
[202] Vgl. Kai Mertins, Kay Alwert, Peter Heisig „Wissensbilanzen"2005, S. 41.

Balanced Scorecard

Eine Balanced Scorecard dient ähnlich der Wissensbilanz der Darstellung und Kontrolle von immateriellen Werten.[203] Diese Darstellung ist als Unterstützung zur Umsetzung der Unternehmensstrategie konzipiert. Hierzu werden die vier Perspektiven Finanzen, Kunden, interne Prozesse und Lernen und Wachstum betrachtet.[204] Die BSC ist bezüglich der Darstellung von Intellektuellem Kapital einer der bekanntesten Ansätze.[205]

3.2   Zusammenfassung

Der CEN/ISSS KNOWLEDGE MANAGEMENT WORKSHOP erarbeitete 2004 den „Leitfaden zur erfolgreichen Praxis im Wissensmanagement"[206]. Aus diesem Leitfaden gehen fünf Wissensmanagementkernaktivitäten hervor, deren Entwicklung auf einer empirischen Studie basiert.

In der Abbildung 38 sind diese fünf Kernaktivitäten dargestellt, die in einer zirkulierenden Ablaufkette miteinander verbunden sind. An der Kreisform ist erkennbar, dass die CEN/ISSS Wissensmanagement als einen unendlichen Prozess versteht. Ziel ist eine permanente Erhöhung der Wertschöpfung und Effizienz der Mitarbeiter, durch einen höheren Wissensstand.[207]

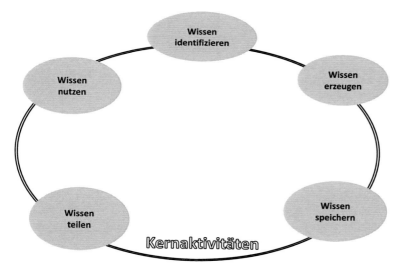

Abbildung 38:   *Kernaktivitäten des Wissensmanagement*
Quelle: *CEN/ISSS KNOWLEDGE MANAGEMENT WORKSHOP „Europäischer Leitfaden zur erfolgreichen Praxis im Wissensmanagement" 2004, S. 11*

---

[203] Vgl. Kai Mertins, Kay Alwert, Peter Heisig „Wissensbilanzen"2005, S. 27.
[204] Vgl. Kai Mertins, Kay Alwert, Peter Heisig „Wissensbilanzen"2005, S. 27.
[205] Vgl. Kai Mertins, Kay Alwert, Peter Heisig „Wissensbilanzen"2005, S. 24 und Wolfgang Jaspers, Gerrit Fischer „Wissensmanagement heute" 2008, S. 227.
[206] CEN/ISSS KNOWLEDGE MANAGEMENT WORKSHOP „Europäischer Leitfaden zur erfolgreichen Praxis im Wissensmanagement" 2004, S. 1.
[207] Vgl. CEN/ISSS KNOWLEDGE MANAGEMENT WORKSHOP „Europäischer Leitfaden zur erfolgreichen Praxis im Wissensmanagement" 2004.

4 Begriffliche Definition von Unternehmensgröße

Im Folgenden wird kurz die geltende Maßeinheit für den Begriff Unternehmensgröße festgelegt. Dabei wird die Einteilung der Europäischen Kommission verwendet.

Im weiteren Verlauf wird der Einfluss der Unternehmensgröße auf die Ausgestaltung der Wissensmanagementkernaktivitäten eruiert. Im Folgenden wird erklärt, wie im Folgenden Unternehmensgröße gemessen wird.

Es wird sich hier der kategorischen Aufteilung von Unternehmen in kleinst(mikro)-, kleine- und mittlere Unternehmen der Europäischen Kommission bedient.[208]

Unternehmens-kategorie	Zahl der Mitarbeiter	Umsatz	oder	Bilanzsumme
mittelgroß	< 250	≤ € 50 Millionen		≤ € 43 Millionen
klein	< 50	≤ € 10 Millionen		≤ € 10 Millionen
mikro	< 10	≤ € 2 Millionen		≤ € 2 Millionen

Abbildung 39: KMU-Definition
Quelle: http://ec.europa.eu/enterprise/enterprise_policy/sme_definition/index_de.htm 09.08.2008

Für die Europäische Kommission, sowie für die Unterteilung des HGB sind drei Unterscheidungskriterien relevant. Dies sind die Anzahl der Mitarbeiter, der Umsatz und die Bilanzsumme.

---

[208] Vgl. Europäische Kommission, Amtsblatt „EMPFEHLUNG DER KOMMISSION vom 6. Mai 2003 betreffend die Definition der Kleinstunternehmen sowie der kleinen und mittleren Unternehmen" 2003.

Die Einteilung im Folgenden ist nur auf die Anzahl der Mitarbeiter bezogen. Die anderen Kriterien wie Umsatz oder Bilanzsumme werden nicht berücksichtigt, da die hier behandelte Fragestellung lediglich die Anzahl der Mitarbeiter eines Unternehmens mit einbezieht.

Die Kategorie Großunternehmen ist durch die Mitarbeiteranzahl <1000 definiert. Ein mittleres Unternehmen beschäftigt 250 bis 1000 Mitarbeiter, ein kleines 50 bis 250 und Kleinstunternehmen beschäftigen unter 50 Mitarbeiter.

5 Begriffliche Definition von Branche

Im folgenden Kapitel werden Wirtschaftszweige zu Kategorien zusammengefasst. Diese Kategorisierung von Unternehmen ist für diese Untersuchung unumgänglich. Leider lässt sich für den Untersuchungszweck kein schon bekanntes Kategorisierungssystem heranziehen, sodass eine intensivere Auseinandersetzung mit dieser Thematik erforderlich ist.

Im Folgenden wird der Einfluss der Branche auf die Auswahl und Zusammenstellung der Wissensmanagementaktivitäten untersucht. Die Einteilung in Branchen stellt eine Gliederung der Unternehmen einer Volkswirtschaft dar. Die Gliederung dient dazu, volkswirtschaftliche Analysen durchzuführen. Die Art der Gliederung ist abhängig vom Zweck der Analyse.[209]

In der wirtschaftswissenschaftlichen Literatur findet sich eine Vielzahl von unterschiedlichen Ansätzen zur Einteilung der Unternehmen einer Volkswirtschaft in verschiedene Kategorien.

Folgend werden zwei häufig verwendete Strukturmodelle vorgestellt. Dies sind Klassifikationssysteme und Sektorenmodelle. Nach der Vorstellung, werden Argumente für und gegen die Verwendung der vorgestellten Strukturmodelle im Folgenden diskutiert.

Wie oben bereits erwähnt, ist die Art der Gliederung eines Modells, von dem Zweck der dazu gehörigen Analyse abhängig. Die beiden im späteren Verlauf vorgestellten Strukturmodelle, wurden für die jeweiligen Analysezwecke bzw. nach bestimmten Kriterien erstellt. Da die im Folgenden angestrebte Analyse einen eigenen, anderen Zweck verfolgt, ist es unwahrscheinlich, dass die Modelle den Anforderungen dieser Analyse genügen werden. Es werden jetzt die Kriterien, die für die Analyse wesentlich sind, vorgestellt.

Für die im Folgenden vorgenommene Analyse, sind folgende Kriterien, in Bezug auf das Struktur-/Gliederungsmodell, besonders relevant:

(1) Repräsentativität
(2) Abgrenzbarkeit
(3) Übersichtlichkeit
(4) Berücksichtigung der informations- und wissensproduzierenden Unternehmen

Zu (1) Repräsentativität
Die Gliederung muss alle Unternehmen in der Bundesrepublik Deutschland erfassen.

Zu (2) Abgrenzbarkeit
Die in der Gliederung erzeugten Gruppen, müssen sich klar voneinander abgrenzen, d.h. Unternehmen müssen den Gruppen einwandfrei zugeordnet werden können.

---

[209] Woll „Wirtschaftslexikon" 9. Auflage, 2000, S. 96.

Zu (3) Übersichtlichkeit
Im Folgenden wird auf eine Hypothesenbildung eine empirische Datensammlung folgen. Diese empirischen Daten werden die Hypothesen bestätigen oder entkräften. Die Art der Gliederung muss sich also auch der Pragmatik einer empirischen Studie unterordnen.

Die zu untersuchende Grundgesamtheit im Folgenden, sind alle Unternehmen in der Bundesrepublik Deutschland. Um ein repräsentatives Ergebnis durch eine Umfrage zu generieren, müssen zu allen Einheiten der Gliederung ausreichend Daten, mit den zur Verfügung gestellten Mitteln, generierbar sein. Da bei dem hier angewendeten schriftlichen Datenerhebungsverfahren naturgemäß mit zahlreichen Ausfällen zu rechnen ist[210], ist eine möglichst kleine Zahl an Gliederungseinheiten erforderlich. Es gilt also, je weniger Gliederungseinheiten, desto größer die Wahrscheinlichkeit, dass alle Einheiten repräsentative Ergebnisse erhalten.

Zu (4) Berücksichtigung der informations- und wissensproduzierenden Unternehmen
Unternehmen die Informationsgüter oder Wissen produzieren, wird ein besonderer Umgang mit Wissen unterstellt. Welche Unternehmen darunter subsumiert werden und warum ihnen ein besonderer Umgang mit Wissen unterstellt wird, wird in Kapitel 7.1 näher erläutert.

Klassifikationssystem

„Wirtschaftszweigklassifikationen dienen der Einordnung von Daten, die sich nur auf die statistischen Einheiten beziehen, dass heißt z.B. auf einen einzelnen Betrieb oder eine Gruppe von Betrieben, die eine wirtschaftliche Gesamtheit, z.B. ein Unternehmen, bilden oder auf deren Teile (fachliche Betriebs- oder Unternehmensteile)."[211]

Weltweit entwickelten Länder ihre eigenen Wirtschaftsklassifikationen. Diese waren immer unter Berücksichtigung nationaler Spezifikationen entstanden. Länderübergreifende Vergleiche waren deshalb stets problematisch. In der EU wurde seit den 60iger Jahren an einer einheitlichen, für alle Mitgliedsstaaten verbindlichen Wirtschaftszweigklassifikation gearbeitet. Verbindlich heißt hier, dass gesammelte Daten später in die NACE (Nomenclature statistique des activités économiques dans la Communauté européenne) übertragbar sein müssen. Das nationale und europäische System sind somit kompatibel. „1970 wurde schließlich die Allgemeine Systematik der Wirtschaftszweige in der Europäischen Gemeinschaft (NACE) aufgestellt."[212]

Das Klassifikationssystem des statistischen Bundesamtes berücksichtigt die NACE.[213]

Sowohl die Einheiten der NACE, als auch die der Klassifikation der Wirtschaftszweige sind auf mehrere Ebenen aufgeteilt und durch alphanumerische Codes benannt. Die oberste Ebene dieser Hierarchie ist in 21 Abschnitte unterteilt. Es folgen vier untere Hierarchiestufen mit über 1500 Objekten.

---

[210] Vgl. Helmut Kromrey „Empirische Sozialforschung" 2006, S. 406.
[211] Statistisches Bundesamt „Klassifikation der Wirtschaftszweige mit Erläuterung" 1993, S. 9.
[212] Statistisches Bundesamt „Klassifikation der Wirtschaftszweige mit Erläuterung" 1993, S. 11.
[213] http://www.destatis.de/jetspeed/portal/cms/Sites/destatis/Internet/DE/Content/Klassifikationen/Gueter
      Wirtschaftklassifikationen/Content75/KlassifikationWZ2008,templateId=renderPrint.psml, 05.05.2008.

Evaluation des Klassifikationsansatzes anhand der oben genannten Kriterien für die Analyse im Folgenden

Auf Grund des hohen Detaillierungsgrades wird hier nach eigener Einschätzung dem Kriterium der Übersichtlichkeit nicht genüge getan. Die Klassifikation erreicht eine klare Abgrenzung zwischen den Klassen (Branchen). Es werden alle Unternehmen in der Bundesrepublik Deutschland erfasst. Eine Berücksichtigung der Unternehmen, welche Informationsgüter und Wissen produzieren, ist nicht direkt möglich. Allerdings erleichtert die feine Gliederung die Erfassung bestimmter Unternehmensgruppen.

Sektoren-Modell

Eine in der Volkswirtschaft gängige und weniger tiefe Differenzierung, bietet die Einteilung der Wirtschaft in Sektoren.[214] In der volkswirtschaftlichen Literatur dominiert die Einteilung in drei Sektoren von *Fourastie*.[215]

Der primäre Sektor stellt Land-, Forstwirtschaft und Fischerei dar.

Der sekundäre Sektor repräsentiert „das Waren produzierende Gewerbe und gliedert sich in die Teilsektoren Verarbeitendes Gewerbe (Industrie), Bergbau, Energie- und Wasserversorgung sowie Baugewerbe."[216]

Der tertiäre Sektor umschließt den gesamten Dienstleistungsbereich.

In der Bundesrepublik Deutschland ist der tertiäre Sektor in den letzten Jahrzehnten „zum bedeutendsten Bereich der Volkswirtschaft aufgestiegen."[217]

Diese Einteilung in Sektoren hat eine Untersuchung des Strukturwandels einer Volkswirtschaft zum Ziel. (…) Hier wird davon ausgegangen, dass anhand der „einzelnen Beiträge zum Bruttosozialprodukt und zum Beschäftigungssystem"[218] Aussagen über den Entwicklungsstand der Volkswirtschaft gemacht werden können. Demnach ist eine Gesellschaft in der mehr als 50% der erwerbstätigen Menschen in dem Agrarsektor tätig sind, eine Agrargesellschaft.[219] Dies traf historisch gesehen, auf alle Gesellschaften zu und trifft noch heute auf viele Gesellschaften in Entwicklungsgebieten zu. Ein struktureller Wandel vollzog sich in Deutschland erstmals während der Industrialisierung im 17ten Jahrhundert und führte in die Industriegesellschaft. In dieser Zeit waren die meisten Berufstätigen dem Industriesektor zuzuordnen.[220]

Im 20sten und 21sten Jahrhundert vollzog sich, durch zurückgehende Beschäftigung im Industrie- und weiter sinkende Beschäftigung im Agrarsektor, erneut ein Strukturwandel.[221]

---

[214] Vgl. Ulrich Baßeler, Jürgen Heinrich, Burkhard Utecht „Grundlagen und Probleme der Volkswirtschaft" 2006, S. 829 und Werner Lachmann „Volkswirtschaftslehre 2" 2004, S. 338.

[215] Vgl. Jean Fourastie „Die große Hoffnung des zwanzigsten Jahrhunderts" 1969.

[216] Ulrich Baßeler, Jürgen Heinrich, Burkhard Utecht „Grundlagen und Probleme der Volkswirtschaft" 2006, S. 830.

[217] Ulrich Baßeler, Jürgen Heinrich, Burkhard Utecht „Grundlagen und Probleme der Volkswirtschaft" 2006, S. 830.

[218] Rainer Kuhlen „Informationsmarkt" 1996, S. 54.

[219] Vgl. Helmut F. Spinner „Die Architektur der Informationsgesellschaft" 1998, S. 181.

[220] Vgl. Pete Otto und Philip Sonntag „Wege in die Informationsgesellschaft" 1985, S. 7.

[221] Vgl. Ulrich Baßeler, Jürgen Heinrich, Burkhard Utecht „Grundlagen und Probleme der Volkswirtschaft" 2006, S. 830.

Dessen Resultat wurde mit dem Begriff Dienstleistungsgesellschaft benannt. Der Anstieg der Beschäftigung im tertiären Sektor basiert hauptsächlich auf einem angestiegenen Dienstleistungsbedarf in den anderen beiden Sektoren, aber hauptsächlich im Industriesektor.[222]

Dadurch, dass die meisten Menschen die im Dienstleistungssektor tätig waren, für den Industriesektor arbeiteten, spricht man „von einer Tertiärisierung des Produktionssektors".[223]

Abbildung 40:   Drei-Sektoren-Modell
Quelle: Eigene Darstellung

Seit über 30 Jahren geht die Wissenschaft der Frage nach, wie stark der Umgang mit Informationen die Arbeitswelt beeinflusst[224]. In allen drei Sektoren ist ein Anstieg der informations- oder wissensintensiven Arbeit zu bemerken.[225]

Das oben erwähnte Drei-Sektoren-Modell wird von einigen Ökonomen um einen vierten Sektor, den Informationssektor, erweitert.[226] Erste Grundlagen für Überlegungen in diese Richtung boten die Untersuchungen von *Machlup*, die 1962 begannen und die Produktion und Verteilung von Wissen in den vereinigten Staaten analysierten.[227]

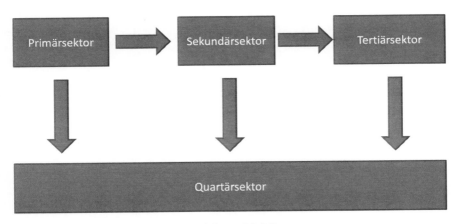

Abbildung 41:   Zustandekommen des Vier-Sektoren-Modells
Quelle: Eigene Darstellung

---

222 Vgl. Rainer Kuhlen „Informationsmarkt" 1996, S. 55.
223 Rainer Kuhlen „Informationsmarkt" 1996, S. 55.
224 Vgl. Marc Uri Porat „The Information economy. Vol.1" 1977.
225 Vgl. Rainer Kuhlen „Informationsmarkt" 1996, S. 57.
226 Vgl. Peter Otto und Philipp Sonntag 1985, Marc Uri Porat 1977, Werner Dostal 2004, Rainer Kuhlen 1996.
227 Vgl. Rainer Kuhlen „Informationsmarkt" 1996, S. 57.

Mit dem Vier-Sektoren-Modell wird der wirtschaftlichen Veränderung, die die rasante Entwicklung in der Informationstechnologie bewirkt, Rechnung getragen.[228] In dem vierten Sektor, werden diejenigen Erwerbstätigkeiten aus dem tertiären Sektor extrahiert, welche „überwiegend Informationen verarbeiten".[229] Damit grenzt der vierte Sektor (Informationssektor) nicht Unternehmen, die sich durch ihre Produkte unterscheiden von einander ab, sondern subsumiert alle Erwerbstätigkeiten aus den drei anderen Sektoren, welche Informationen verarbeiten. Wie oben deutlich wird, ist allein im Informationssektor ein Anstieg der Erwerbstätigen in den letzten Jahren zu verzeichnen. Aus diesem Grund wird häufig von einem erneuten Strukturwandel zur Informationsgesellschaft gesprochen.

Der sektorale Ansatz sowie das Konstrukt Informationssektor/Informationsgesellschaft sind in der wissenschaftlichen Literatur nicht frei von Kritik.[230] Dies soll hier lediglich erwähnt werden. Von einer grundsätzliche Evaluation des Modells wird im Folgenden abgesehen. Da der sektorale Ansatz weit verbreitet und trotz Kritik stark etabliert ist, wird er hier auf die oben beschriebenen Kriterien untersucht.

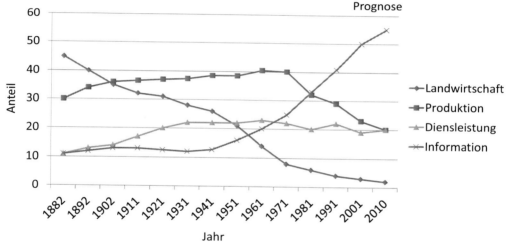

Abbildung 42:   Das Vier-Sektoren-Modell
Quelle: http://www.wissensgesellschaft.org/themen/bildung/arbeitundlernen.html, 09.08.2008

Evaluation des Sektoren-Modells anhand der oben genannten Kriterien für die Analyse im Folgenden

Das Vier-Sektoren-Modell repräsentiert alle Erwerbstätigen in der Bundesrepublik Deutschland. Es ist mit seinen vier Einheiten überschaubar und berücksichtigt die informations- und wissensproduzierenden Erwerbstätigkeiten. Ein Problem stellt die Abgrenzbarkeit dar. Da in dem Sektoren-Modell Erwerbstätigkeiten und nicht Unternehmen und ihre wirtschaftliche

---

[228] Vgl. Werner Dostal „Telearbeit in der Informationsgesellschaft" 1999, S. 24.

[229] Werner Dostal „Telearbeit in der Informationsgesellschaft" 1999, S. 24.

[230] Vgl. Jörg Becker „Ökonomie und Information" 1999, http://www.komtech.org/dokumente/6/6.pdf, (19.09.08).

Ausrichtung im Vordergrund stehen, ist eine Abgrenzung der Unternehmen von einander nicht möglich.

Schlussfolgerung

Es wurden mit den Sektoren-Modellen und dem Klassifikationsansatz zwei etablierte Gliederungsansätze beschrieben. Beide erfüllen die oben genannten Kriterien für die Gliederung im Folgenden nicht ausreichend in ihrer ursprünglichen Form. Da beide Ansätze verschiedene Kriterien erfüllen, ist eine Kombination sinnvoll.

Die zu untersuchende Grundgesamtheit wird lediglich von der Klassifikation ausreichend repräsentiert. Das Sektoren-Modell umfasst diese nur indirekt, da nicht Unternehmen, sondern Beschäftigte untersucht werden. Die Klassifikation erfüllt das Kriterium der *Abgrenzbarkeit* aber nicht die Kriterien der *Übersichtlichkeit* und der *Berücksichtigung der wissens- und informationsproduzierenden Unternehmen*. Diese beiden Kriterien werden jedoch von dem Vier-Sektoren-Modell erfüllt, welches aber das Kriterium der Abgrenzbarkeit nicht erfüllt.

Benötigt wird eine, die gesamte Volkswirtschaft repräsentierende Gliederung, mit dem Detaillierungsgrad des Vier-Sektoren-Modells und dessen Einteilung in die vier Sektoren Agrar-, Industrie-, Dienstleistungs- und Informationssektor. Um die Abgrenzbarkeit zu gewährleisten, müssen Unternehmen der Betrachtungsgegenstand sein. Des Weiteren bedarf es einer untergeordneten, feineren Gliederung. Diese Unterordnung dient allein der korrekten Abgrenzbarkeit zwischen den einzelnen Sektoren und ermöglicht so eine genaue Zuordnung eines Unternehmens zu einem Sektor.

Es folgt die oben schon angedeutete Kombination des Vier-Sektoren-Modells mit der Klassifikation des Statistischen Bundesamtes. Es werden die Abschnitte der obersten hierarchischen Ebene der Klassifikation des statistischen Bundesamtes, den vier Sektoren untergeordnet. Damit stellen die vier Sektoren die oberste Ebene dar. In der folgenden Abbildung werden die Abschnitte der Klassifikation der Wirtschaftszweige des Statistischen Bundesamtes dargestellt, welche die untere Ebene darstellen.

Die Einteilung der Abschnitte unter die Sektoren geschieht wie folgt:

Unter dem Primär-Sektor werden folgende Abschnitte subsumiert:

– A und B

Unter dem Sekundär-Sektor werden folgende Abschnitte subsumiert:

– C,D,E,F

Unter dem Tertiär-Sektor werden folgende Abschnitte subsumiert:

– G,H,I,L,Q und S

Unter dem Quartär-Sektor werden folgende Abschnitte subsumiert:

– J,K,M,N,O,P und R

Tabelle 14:   *Klassifikation der Wirtschaftszweige 2008*

Lfd. Nr.	WZ 2008 Kode	WZ 2008 – Bezeichnung (a.n.g. = anderweitig nicht genannt)
1	A	ABSCHNITT A – LAND- UND FORSTWIRTSCHAFT, FISCHEREI
103	B	ABSCHNITT B – BERGBAU UND GEWINNUNG VON STEINEN UND ERDEN
149	C	ABSCHNITT C – VERARBEITENDES GEWERBE
759	D	ABSCHNITT D – ENERGIEVERSORGUNG
784	E	ABSCHNITT E – WASSERVERSORGUNG; ABWASSER- UND ABFALLENTSORGUNG UND BESEITIGUNG VON UMWELTVERSCHMUTZUNGEN
816	F	ABSCHNITT F – BAUGEWERBE
881	G	ABSCHNITT G – HANDEL; INSTANDHALTUNG UND REPARATUR VON KRAFTFAHRZEUGEN
1161	H	ABSCHNITT H – VERKEHR UND LAGEREI
1241	I	ABSCHNITT I – GASTGEWERBE
1282	J	ABSCHNITT J – INFORMATION UND KOMMUNIKATION
1358	K	ABSCHNITT K – ERBRINGUNG VON FINANZ- UND VERSICHERUNGSDIENSTLEISTUNGEN
1416	L	ABSCHNITT L – GRUNDSTÜCKS- UND WOHNUNGSWESEN
1433	M	ABSCHNITT M – ERBRINGUNG VON FREIBERUFLICHEN, WISSENSCHAFTLICHEN UND TECHNISCHEN DIENSTLEISTUNGEN
1513	N	ABSCHNITT N – ERBRINGUNG VON SONSTIGEN WIRTSCHAFTLICHEN DIENSTLEISTUNGEN
1611	O	ABSCHNITT O – ÖFFENTLICHE VERWALTUNG, VERTEIDIGUNG; SOZIALVERSICHERUNG
1634	P	ABSCHNITT P – ERZIEHUNG UND UNTERRICHT
1671	Q	ABSCHNITT Q – GESUNDHEITS- UND SOZIALWESEN
1714	R	ABSCHNITT R – KUNST, UNTERHALTUNG UND ERHOLUNG
1765	S	ABSCHNITT S – ERBRINGUNG VON SONSTIGEN DIENSTLEISTUNGEN
1819	T	ABSCHNITT T – PRIVATE HAUSHALTE MIT HAUSPERSONAL; HERSTELLUNG VON WAREN UND ERBRINGUNG VON DIENSTLEISTUNGEN DURCH PRIVATE HAUSHALTE FÜR DEN EIGENBEDARF OHNE AUSGEPRÄGTEN SCHWERPUNKT
1831	U	ABSCHNITT U – EXTERRITORIALE ORGANISATIONEN UND KÖRPERSCHAFTEN

Quelle: *Statistisches Bundesamt Deutschland (http://www.destatis.de/jetspeed/portal/cms/Sites/destatis /Internet/DE/Content/Klassifikationen/GueterWirtschaftklassifikationen/Content75/Klassifikation WZ2008,templateId= renderPrint.psml, 05.05.2008)*

Da die Abschnitte T und U entweder keine Unternehmen oder Unternehmen außerhalb des Landes darstellen, werden sie hier nicht berücksichtigt.

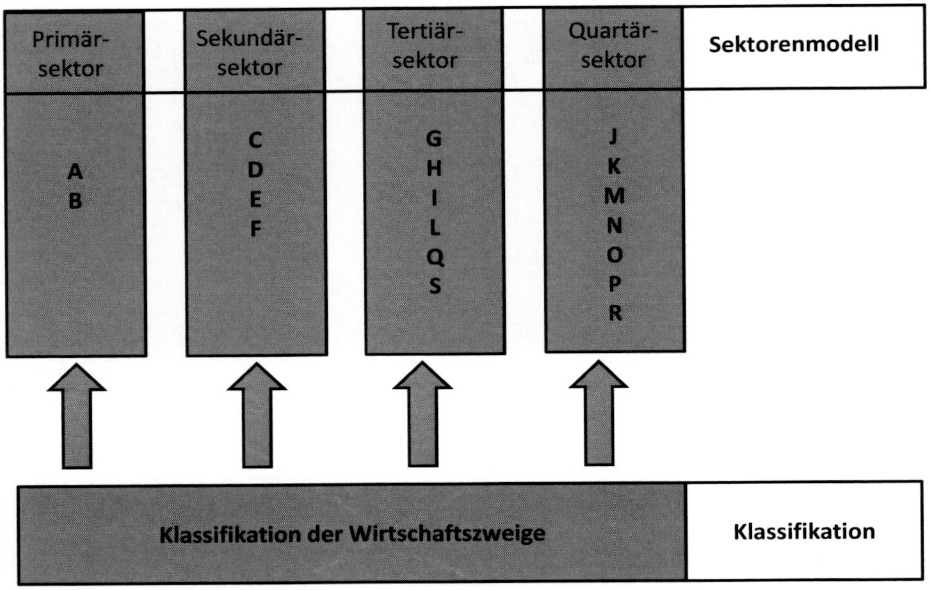

Primär-sektor	Sekundär-sektor	Tertiär-sektor	Quartär-sektor	Sektorenmodell
A B	C D E F	G H I L Q S	J K M N O P R	

Klassifikation der Wirtschaftszweige	Klassifikation

Abbildung 43:   *Kombiniertes Vier-Sektoren-Modell*
Quelle: *Eigene Darstellung*

Aus den oberen Ausführungen resultiert ein neues kombiniertes Vier-Sektoren-Modell. Unterscheidungskriterium ist die wirtschaftliche Ausrichtung der Unternehmen und damit die produzierten Güter. Unterschieden wird in Primär-Sektor (Landwirtschaftssektor), Sekundär-Sektor (Industriesektor), Tertiär-Sektor (Dienstleistungssektor) und Quartär-Sektor (Informationssektor). Der Informationssektor subsumiert alle Unternehmen aus dem Dienstleistungssektor, die Informationsgüter oder Wissen produzieren. Unter wissensproduzierenden Unternehmen werden diejenigen verstanden, deren eigentliches Produkt die Beratung ist. Durch Beratung, also der Weitergabe von Wissen, entsteht bei Kunden neues Wissen.

Dieses kombinierte Vier-Sektoren-Modell wird im Folgenden zu weiteren Analysen verwendet.

6 Begriffliche Definition von Informationsberuf / Wissensarbeiter

In diesem Kapitel werden speziell die Konturen des Informationsberufes, also die Tätigkeiten eines Wissensarbeiters umrissen.

In Kapitel 5. wurde bereits eine Einteilung der Berufe, die in den Informationssektor fallen vollzogen. Grundsätzlich sind alle im Informationssektor arbeitenden Menschen Wissensarbeiter. Nach *Dostal* sind Informationsberufe Berufe, welche „die Entwicklung, Herstellung und Einsatz dieser Technik betreiben"[231]. Mit „dieser Technik"[232], bezieht sich *Dostal* auf die Informations- und Kommunikationstechnik. *Dostal* unterteilt die Informationsberufe in drei Gruppen und führt auf:

Computerberufe

* Softwareentwickler
* DV-Organisatoren
* Benutzerbetreuer
* Systembetreiber

Infrastrukturberufe

* Manager
* Berater
* Forscher
* Ausbilder
* Marketing- und Vertriebsfachleute
* Fachpublizisten

An der Nahtstelle zu anderen Berufsbereichen stehen

* Datenschutzbeauftragte
* Hardwareentwickler
* Infrastrukturbetreuer

Vergleicht man nun die von *Dostal* getroffene Auswahl mit den Berufsgruppen, die in Kapitel 5. dem Informationssektor zugesprochen wurden, stellt man fest, dass die Berufsbilder in beiden Selektionen übereinstimmen.

---

[231] Werner Dostal „Telearbeit in der Informationsgesellschaft" 1999, S. 26.
[232] Werner Dostal „Telearbeit in der Informationsgesellschaft" 1999, S. 26.

Es lässt sich zusammenfassen, dass Informationsberufe unmittelbar mit der Generierung, Verarbeitung oder Vermittlung von Informationen zusammenhängen. Ebenfalls werden Berufe der Produktion von Systemen für die Generierung, Verarbeitung oder Vermittlung von digitalen Informationen unter dem Begriff Informationsberuf subsumiert.

Es ist anzumerken, dass Informationsberufe auch in den Sektoren 1 bis 3 vorkommen. Genauso gibt es Angestellte im Sektor 4, die keinen Informationsberuf ausüben. Es ist aber anzunehmen, dass der prozentuale Anteil der Mitarbeiter die einen Informationsberuf ausüben in Sektor 4 höher liegt als in den anderen drei Sektoren. Der Begriff Informationsberuf wird im Folgenden synonym mit dem Begriff Wissensberuf/Wissensarbeit verwendet.[233]

---

[233] Vgl. Werner Dostal „Telearbeit in der Informationsgesellschaft" 1999, S. 26 und Klaus North, Stefan Güldenberg „Produktive Wissensarbeit(er)" 2008, S. 21.

7 Einfluss von Branche und Unternehmensgröße auf das Wissensmanagement

In diesem Kapitel wird untersucht, ob die Unternehmensgröße und die Branche Einfluss auf die Motivation zum Wissensmanagement und das Wissensmanagement, also auf die Konstellation von Bausteinen und Prozessen oder die Auswahl einzelner Methoden, haben. Die Methoden die den Kernaktivitäten zugeordnet sind, wurden überwiegend von *Probst* et al. abgeleitet.

Gründe für Wissensmanagement

Es wird nachfolgend kurz erklärt, welche Motivation es für Unternehmen in Deutschland gibt, sich mit dem Thema Wissensmanagement zu beschäftigen.

Es ist offensichtlich, dass die Motivation entweder in erkannten Missständen, die sich negativ auf die eigene Wettbewerbsfähigkeit auswirken (also ein problemorientierter Ansatz) oder im Ausbau von Wettbewerbvorteilen (also ein vorteilsorientierter Ansatz) begründet ist.[234] Es ist ein bekanntes Phänomen und Problem von Wissensmanagement, dass Unternehmenserfolge nicht eindeutig oder nur indirekt auf die Wissensmanagementaktivitäten zurückzuführen sind.[235] Deswegen ist davon auszugehen, dass ein Teil der Unternehmen die Wissensmanagement betreiben, dies nicht auf Grund des möglichen Wettbewerbsvorteils tut. Missstände in Unternehmen, die durch Wissensmanagement behoben werden können, können überwiegend durch eine negative Formulierung der oben genannten Kernaktivitäten benannt werden. Zu nennen sind:

Wissen speichern $\longrightarrow$ Wissensverlust (z.B. durch Fluktuation oder Pensionierung)

Wissen teilen $\longrightarrow$ ineffiziente Wissensteilung (auch durch Wissensmonopole)

Wissen nutzen $\longrightarrow$ ineffiziente Wissensnutzung

Branche

Einige Branchen weisen spezielle Eigenschaften auf. Es sind z.B. Branchen erkennbar, in denen eine höhere Fluktuation vorherrscht als in anderen (z.B. das Gastgewerbe).[236] Sowohl eine hohe Fluktuation als auch eine niedrige stellt das Management vor Aufgaben. Wissensmanagementmaßnahmen können in beiden Fällen entgegen den für diese Phänomene typischen Problemen wirken.

---

[234] Fraunhofer-Wissensmanagement Community „Wissen und Information 2005" 2005, S. 16,17.
[235] Vgl. Gilbert Probst, Stefan Raub, Kai Romhardt „Wissen managen" 2006, S. 213.
[236] Vgl. Martin Brussig „Altersübergang Report"2009, S. 1.

Hohe Fluktuation gefährdet den Wissensbestand. Verlassen Mitarbeiter das Unternehmen, wandert natürlich auch Wissen ab.[237] Gegenmaßnahme könnte die vielfältige Dokumentation von Geschäftsprozessen und Leitfäden sein, oder der Versuch einer langfristigen Bindung von Wissensträgern an das Unternehmen.[238] Eine zu niedrige Fluktuation kann ebenfalls den Wissensbestand gefährden, da kein (oder zu wenig) neues Wissen in Form von neuen Mitarbeitern zuwandert. In einigen Unternehmen sieht die Unternehmensphilosophie vor, dass ein gewisses Maß an Fluktuation besteht, um den Zulauf von neuem Wissen z.B. in Form von Kunden- oder Lieferantenwissen zu sichern.[239] Weiter kann eine zu geringe Fluktuation über einen langen Zeitraum ein Grund für eine nachteilhafte Altersstruktur sein[240], sodass viele Mitarbeiter in einer kurzen Zeitspanne vor der Pensionierung stehen. Dies würde eine enorme Abwanderung von Wissen bedeuten.[241] Gegenmaßnahmen können frühzeitige Eingriffe in die Unternehmensstruktur sein, die die Altersstruktur verändern. Auch die strukturierte kurzfristige Einarbeitung von jungen Mitarbeitern durch Maßnahmen wie Mentorenprogramme oder Beraueraufträge für pensionierte Mitarbeiter[242] sind denkbar.

Unternehmensgröße

Verschieden große Unternehmen werden mit verschiedenen Problemen konfrontiert. Z.B. hat ein sehr großes Unternehmen typischerweise Probleme damit die Kompetenzen seiner Mitarbeiter unternehmensweit zu überblicken.[243] Daraus kann resultieren, dass die Potentiale des Unternehmens nicht optimal genutzt werden. Dies wiederum bedeutet ein Wettbewerbsnachteil.[244] Mit einer Wissensmanagementmethode aus der Kernaktivität Wissen identifizieren könnten die Kompetenzen visualisiert und dem Problem somit entgegen gewirkt werden.[245]

Kleine Unternehmen hingegen bestehen meist aus einer Struktur in der wenige oder sogar einzelne Personen über entscheidendes Wissen verfügen.[246] So genannte Wissensmonopole entstehen. Diese Monopolstellung im Unternehmen führt oft zu einer Überlastung des Monopolinhabers und verlangsamt die Arbeitsabläufe. Auch hierzu gibt es eine Reihe von Methoden der Kernaktivität Wissen teilen die diesen Zustand verbessern könnten.[247]

Aus diesen Überlegungen lässt sich folgende Annahme/Hypothese formulieren:

Die Gründe für Unternehmen Wissensmanagement zu implementieren, werden von der Unternehmensgröße und Branche beeinflusst.

Der gesteigerte Beitrag von Wissen an der Wertschöpfung vieler Produkte ist das Resultat der Technologisierung, welche die Wirtschaft in den letzten Jahrzehnten verändert hat.[248] Das

---

[237] Vgl. Gilbert Probst, Stefan Raub, Kai Romhardt „Wissen managen" 2006, S. 20.
[238] Vgl. Wolfgang Jaspers, Gerrit Fischer „Wissensmanagement heute" 2008, S. 1.
[239] Vgl. Holger Seibold „IT-Risikomanagement" 2006, S. 128
[240] Hartmut Buck, Bernd Dworschak, Alexander Schletz „Analyse der betrieblichen Altersstruktur" 2005, S. 4.
[241] Vgl. Gilbert Probst, Stefan Raub, Kai Romhardt „Wissen managen" 2006, S. 20.
[242] Vgl. Gilbert Probst, Stefan Raub, Kai Romhardt „Wissen managen" 2006, S. 199.
[243] Vgl. Gilbert Probst, Stefan Raub, Kai Romhardt „Wissen managen" 2006, S. 63.
[244] Vgl. Gilbert Probst, Stefan Raub, Kai Romhardt „Wissen managen" 2006, S. 67.
[245] Vgl. Gilbert Probst, Stefan Raub, Kai Romhardt „Wissen managen" 2006, S. 67.
[246] Vgl. Gilbert Probst, Stefan Raub, Kai Romhardt „Wissen managen" 2006, S. 141, 142.
[247] Vgl. Gilbert Probst, Stefan Raub, Kai Romhardt „Wissen managen" 2006, S. 141 ff.
[248] Vgl. Andreas Abecker, Knut Hinkelmann, Heiko Maus, Heinz Jürgen Müller „Geschäftsprozessorientiertes Wissensmanagement" 2002, S. 123.

Wissen in allen Produktionsprozessen und vor allem in den Innovations- und Entwicklungsprozessen ist rapide angewachsen.[249]

Aus diversen Arbeiten ist bekannt, dass in fast allen Branchen bereits Wissensmanagement betrieben wurde.[250] Dies liegt daran, dass es branchenunabhängig diverse Geschäftsprozesse gibt, die sehr wissensintensiv sind. Zu der hohen Wissensintensität kommt oft noch ein hoher Strukturierungsgrad, der es einfacher macht den Wissensbedarf für diesen Prozess zu ermitteln und den Prozess daraufhin durch Wissenszufuhr zu unterstützen.[251] Bei *Kalmring*[252] werden beispielhaft fünf Prozessgruppen genannt, die wissensintensiv sind. Genannt werden:

- „Strategieentwicklung,
- Forschung und Entwicklung,
- Produktion und Logistik,
- Marketing und Vertrieb,
- Service und Support.“[253]

Prozesse dieser Gruppen, mit Ausnahme von Forschung und Entwicklung, finden in verschiedenen Ausprägungen in jedem profitorientiertem Unternehmen statt. Mit der Auflistung dieser Prozessgruppen soll lediglich verdeutlicht werden, dass es in jeder Brache wissensintensive Prozesse gibt. Ob es Branchen gibt in denen Wissen häufiger oder intensiver gemanagt wird und in wie weit das Wissensmanagement sich von Branche zu Branche unterscheidet, werden die weiteren Untersuchungen ergeben.

Obwohl die Produktion beinahe jeden Gutes mittlerweile auf einer großen Menge Wissen basiert, ist davon auszugehen, dass es Branchen gibt die wissensintensiver arbeiten als andere.[254]

Betrachtet man zum Beispiel ein Metallverarbeitungswerk, so sind die in diesem betriebene Maschinen hochgradig komplex. Obwohl ein Grossteil der Arbeiter in solchen Werken eine qualifizierende mehrjährige Ausbildung absolviert hat, ist der tatsächliche, von Hand zu erledigende Arbeitsvorgang oft wenig wissensintensiv. Die eigentlichen Wertschöpfungen, die die Produkte durch Wissen erfahren, gehen aus den Produktentwicklungsprozessen und der hochgradigen Komplexität der Produktionsmaschinen hervor. *North* unterscheidet klar zwischen Wissensarbeit und Materieller Arbeit.[255]

Betrachtet man als Gegenbeispiel einen Versicherungskonzern, so ist in Großteilen des Unternehmens, vor allem im Service- bzw. Außendienstbereich Wissen die tägliche Arbeitsgrundlage.[256] Die Wertschöpfung, die ein Versicherungsprodukt erfährt, beginnt mit der Produktentwicklung und endet genau genommen erst mit dem Ende eines Versicherungsvertragsverhältnisses zwischen Versichertem und Versicherer. Der Wert den ein Versicherungsvertrag und die damit verbundene Leistung des Versicherers darstellt, misst sich sowohl an der Qualität des Versiche-

---

[249] Vgl. Helmut Willke „Systemisches Wissensmanagement" 2001, S. 2.
[250] Vgl. Helmut Willke „Systemisches Wissensmanagement" 2001, S. 136.
[251] Vgl. Dirk Kalmring „Performance Measurement von wissensintensiven Geschäftsprozessen" 2003, S. 151, 152.
[252] Vgl. Dirk Kalmring „Performance Measurement von wissensintensiven Geschäftsprozessen" 2003, S. 151, 152.
[253] Dirk Kalmring „Performance Measurement von wissensintensiven Geschäftsprozessen" 2003, S. 151.
[254] Klaus North, Stefan Güldenberg „Produktive Wissensarbeit(er)" 2008, S. 30.
[255] Klaus North, Stefan Güldenberg „Produktive Wissensarbeit(er)" 2008, S. 31.
[256] Vgl. Klaus North, Stefan Güldenberg „Produktive Wissensarbeit(er)" 2008, S.33, 34.

rungsproduktes, als auch an der Qualität der Betreuung. Diese wird erst durch fachliche- und soziale Kompetenz der Mitarbeiter im Servicebereich garantiert. Die fachliche Kompetenz der Servicemitarbeiter setzt das Wissen über ein Versicherungsprodukt und über die ganze Versicherungssparte, in welcher das Produkt liegt, voraus. Dies beinhaltet sowohl die Produkteigenschaften, die dem Vertrag zugrunde liegenden Bestimmungen, als auch die dem Vertrag zugrunde liegenden Gesetze.

Damit muss jeder an dem Produktions- und Vertriebsprozess einer Versicherungsgesellschaft, beteiligte Mitarbeiter über eine große Menge Wissen verfügen und betreibt ständig wissensintensive Arbeit.[257]

Von diesem Beispiel ausgehend, lässt ist zu vermuten, dass in Unternehmen in denen ein hoher prozentualer Anteil an Wissensarbeitern beschäftigt ist, mehr wissensintensive Prozesse ablaufen, als in Unternehmen in denen prozentual wenige Wissensarbeiter beschäftigt sind.

Unterschiedlich ist nicht nur die Wissensintensität in den verschiedenen Brachen, sondern auch die Geschwindigkeit, mit der Wissen veraltet.[258] Deutlich zu sehen ist dies bei den sich ständig verkürzenden Produktlebenszyklen und ständig sinkenden Produktionskosten in der IT-Branche. Damit sind alle in der IT-Branche arbeitenden Menschen von dem schnellen Wertverlust des Wissens betroffen.[259] Wissen über Rechner der 486er Serie und Windows ′95 ist über 10 Jahre altes und damit heute veraltetes Wissen. In der Halbleiterindustrie sind mittlerweile Technologiezyklen von 15 Monaten die Regel.[260]

Es ist also davon auszugehen, dass in wissensintensiven Branchen mehr und häufiger Wissen generiert wird und somit die Halbwertszeit des Wissens kürzer als in weniger wissensintensiven Branchen ist.

Unternehmen aus Branchen, in der das Wissen schnell veraltet, wird ein anderer Anspruch vor allem an Systeme zur Generierung von neuem Wissen und Speicherung von altem Wissen unterstellt, als Unternehmen aus Branchen, in denen Wissen weniger schnell veraltet.

Es kann sogar sinnvoll sein, sich in gewissen Branchen und Unternehmensbereichen, in denen altes Wissen hinderlich sein kann, über Prozesse des Vergessens und Verlernens Gedanken zu machen.[261]

Einleuchtend erscheint daher, dass mit der Ressource Wissen in einer wissensintensiven Branche, anders umgegangen wird, als in weniger wissensintensiven Branchen. Hieraus ergibt sich folgende Hypothese:

(1) Das organisierte Durchführen von Wissensmanagement ist abhängig von der Branche.

---

[257] Vgl. Klaus North, Stefan Güldenberg „Produktive Wissensarbeit(er)" 2008, S.21.
[258] Vgl. Wolfgang Jaspers, Gerrit Fischer „Wissensmanagement heute" 2008, S. 26.
[259] Vgl. Wolfgang Jaspers, Gerrit Fischer „Wissensmanagement heute" 2008, S. 1.
[260] Vgl. Jürgen Kluge, Wolfram Stein, Thomas Licht, Michael Kloss „Wissen entscheidet" 2003, S. 33.
[261] Vgl. Helmut Willke „Systemisches Wissensmanagement" 2001, S. 205, 206.

7.1 Einflüsse der Branche auf die Kernaktivitäten des Wissensmanagements

Jede im Folgenden untersuchte Kernaktivität des Wissensmanagements subsumiert unter sich eine Vielzahl von Managementmethoden.[262] Die richtige Auswahl dieser Methoden für das jeweilige Unternehmen ist Teil der Implementierungsphase.[263]

Um nun im Einzelnen auf die Auswirkungen der Branchen auf die Durchführung der Wissensmanagementmaßnahmen einzugehen, werden im Folgenden die Kernaktivitäten und damit im Einzelnen die Methoden untersucht. Die Auswahl der untersuchten Methoden beruht maßgeblich auf der Arbeit von *Probst, Raub und Romhardt*.[264]

7.1.1 Methoden der Kernaktivität Wissen identifizieren

Best Practice (Identifikation und Transfer)

Um Best Practices zu realisieren, bedarf es der Vergleichsmöglichkeit. Zu vergleichen sind, nach den Ergebnissen, die Unterschiede in den Arbeitsvorgängen, die zu den unterschiedlichen Ergebnissen führen. Um den Detaillierungsgrad nicht zu hoch zu gestalten, werden ganze Prozesse als Benchmarking-Objekt ausgewählt.[265]

Auf Grund der starken Prozessorientierung in den Branchen der Sektoren 2 und 3[266] ist davon auszugehen, dass dort das Benchmarking und anschließende Best Practice-Verfahren häufiger eingesetzt werden. Dies bestätigen Studien zu Benchmarking aus den 80ger und 90ger Jahren.[267] Betrachtet man z.B. die

Gastronomie oder Kurierdienste – gibt es viele Arbeitsplätze mit niedrigen Anforderungsprofilen. Die Erfüllung der Aufgaben, die sich auf diese Arbeitsplätze beziehen, ist durch detailliert vorgegebene Arbeitsschritte gesichert. Diese Vorgaben sind die Ergebnisse von Best Practice Analysen, die ebenfalls dazu dienen die Abfolge und Effizienz der Arbeitsschritte weiter zu verbessern.[268] Im vierten Sektor in dem überwiegend Wissensarbeiter tätig sind, ist die Nutzung dieser Methode wie weiter oben erwähnt, stark von der Bereitschaft sich vergleichen und messen zu lassen abhängig.[269] Hierzu kann keine Annahme formuliert werden, die die Ergebnisse der Studie bestätigen oder verwerfen können.

Durch die weit fortgeschrittene Technologisierung der Arbeit in Sektor 1 – vor allem im Bergbau – ist hier eine tendenzielle Aussage über die Verwendung von Best Practice Analysen problematisch. Eine generelle Aussage kann nicht getroffen werden.

---

[262] Vgl. CEN/ISSS „Europäischer Leitfaden zur erfolgreichen Praxis im Wissensmanagement" 2004, S. 11.
[263] Vgl. CEN/ISSS „Europäischer Leitfaden zur erfolgreichen Praxis im Wissensmanagement" 2004, S. 11.
[264] Vgl. Gilbert Probst, Stefan Raub, Kai Romhardt „Wissen managen" 2006.
[265] Vgl. Jochen Kienbaum „Benchmarking Personal" 1997, S. 8.
[266] Anja Reimer (Dissertation) „Die Bedeutung des Dienstleistungsdesign für den Markterfolg" 2004, S. 125.
[267] Vgl. Jochen Kienbaum „Benchmarking Personal" 1997, S. 5.
[268] Vgl. Klaus North, Stefan Güldenberg „Produktive Wissensarbeit(er)" 2008, S. 34.
[269] Vgl. Jochen Kienbaum „Benchmarking Personal" 1997, S. 22

Abgesehen von den Sektoren 1 und 4 über die keine Annahme getroffen werden kann, ist davon auszugehen, dass Best Practice Analysen und Transfers in den Sektoren 2 und 3 häufig eingesetzt werden.

Wissenslandkarte

Wie oben beschrieben, ist in jeder Branche und in jedem Unternehmen ein mehr oder weniger großer Wissensbestand vorhanden. Weiter steigt die Wissensintensität in allen Branchen an. Demzufolge steigt auch die Quantität des Wissens in den Unternehmen.[270] Obwohl also in jedem Unternehmen Wissen vorhanden ist, welches visualisiert werden könnte, ist der Einsatz von Wissenslandkarten nicht überall gleich wahrscheinlich. Der Einsatz ist in Unternehmen aus wissensintensiveren Branchen, wie den Branchen aus dem Sektor 4[271], wahrscheinlicher, da dort mehr Wissensarbeiter pro Unternehmen tätig sind und vergleichsweise viel Wissen vorhanden ist. Daher wird angenommen, dass die Häufigkeit und Intensität der Verwendung der Methode Wissenslandkarte von Sektor 1 bis Sektor 4 ansteigt.

Kunden- und Lieferantenfeedback

Die externen Wissensquellen Kunden und Lieferanten können bei richtiger Vorgehensweise einen wichtigen Beitrag zur Identifikation von Wissen oder Wissenslücken leisten.[272] Die Unzufriedenheit von Kunden weißt auf Qualitätsmängel in Produktion oder im Service hin.[273] Die Qualität der Unternehmensleistung wiederum wird von dem Wissen eines Unternehmens bestimmt.[274] Kunden sind in der Regel daran interessiert, dass ihre Lieferanten noch leistungsfähiger werden, da die Leistungssteigerung mit einer Qualitätssteigerung und eventuell mit einer Preissenkung einhergeht. Es ist also von einer generellen Bereitschaft der Kunden an einer Datenerhebung teilzunehmen auszugehen. Die Bereitschaft der Lieferanten an einer Datenerhebung teilzunehmen, ist als noch höher einzustufen. Dieses resultiert aus dem Wunsch den Kunden als solchen an sich zu binden. Auf Grund der allgemeinen Technologisierung, Globalisierung und Deregulierung der Märkte entwickelt sich seit einiger Zeit eine immer größer werdende Differenzierung der Nachfrage.[275] Dieses bewirkt, dass es für Unternehmen immer schwieriger wird Kunden an sich zu Binden.[276] Es ist in der Literatur kein Nachweis dafür zu finden, dass diese Symptomatik nur eine oder wenige Branchen betrifft.

Daher wird insgesamt der Feedbackmethode keine Branchenabhängigkeit unterstellt.

---

[270] Vgl. Wolfgang Jaspers, Gerrit Fischer „Wissensmanagement heute" 2008, S. 1.

[271] Vgl. Klaus North, Stefan Güldenberg „Produktive Wissensarbeit(er)" 2008, S. 34.

[272] Vgl. Gilbert Probst, Stefan Raub, Kai Romhardt „Wissen managen" 2006, S. 80, 81.

[273] Vgl. Wolfgang Jaspers, Gerrit Fischer „Wissensmanagement heute" 2008, S. 25.

[274] Vgl. Andreas Abecker, Knut Hinkelmann, Heiko Maus, Heinz Jürgen Müller „Geschäftsprozessorientiertes Wissensmanagement"2002, S. 394.

[275] Vgl. Andreas Abecker, Knut Hinkelmann, Heiko Maus, Heinz Jürgen Müller „Geschäftsprozessorientiertes Wissensmanagement"2002, S. 393.

[276] Vgl. Andreas Abecker, Knut Hinkelmann, Heiko Maus, Heinz Jürgen Müller „Geschäftsprozessorientiertes Wissensmanagement"2002, S. 393.

Expertenverzeichnis

Auch wenn die Wissensintensität in allen Branchen angestiegen ist[277], so ist die Erstellung eines Expertenverzeichnisses doch an gewisse Voraussetzungen geknüpft. Zunächst einmal muss Expertise in Form von individuellem Wissen in einem Unternehmen vorhanden sein. Außerdem sollte diese Expertise auf mehrere Personen verteilt sein, denn gibt es nur einen über Spezialwissen verfügenden Menschen in einem Unternehmen, ist ein Expertenverzeichnis überflüssig.

Sind beide Voraussetzungen erfüllt, ist dieses Instrument branchenunabhängig einsetzbar. Allerdings wird, wie in Kapitel 6 dargestellt, branchenabhängig ein unterschiedlich hoher prozentualer Anteil an Wissensarbeitern in der Belegschaft vermutet. Es ist davon auszugehen, dass in wissensintensiven Branchen in denen prozentual mehr Wissensarbeiter beschäftigt sind ein höherer Bedarf an Expertenverzeichnissen besteht, als in weniger wissensintensiven Branchen.[278] Daher ist für diese Methode ein Ansteigen der Häufigkeit und Intensität der Verwendung bzw. Durchführung von Sektor 1 bis Sektor 4 zu vermuten.

7.1.2 Methoden der Kernaktivität Wissen erzeugen

Projektberichte/Projektzwischenberichte

Wird in einem Unternehmen nur sehr wenig projektbezogen gearbeitet und handelt es sich bei diesen Projekten um einmalige in der Form nicht wieder vorkommende Projekte, ist ein Nutzen eines Projektberichts nicht unbedingt gegeben. Dies begründet sich darin, dass es keine Situation geben wird, in der man aus dem von den Fehlern gelernten des vorangegangenen Projekts profitieren kann.

Wird hingegen in einem Unternehmen hauptsächlich projektbezogen gearbeitet und sind diese Projekte in ihrem Ablauf ähnlich strukturiert, oder wiederholen sich sogar, kann ein Projektbericht nutzen, da so Erfolge und Misserfolge innerhalb der Projekte dokumentiert werden und für die Zukunft (also für das nächste Projekt) Informationen bieten (z.B. für Lessons Learned).[279]

Obwohl projektbezogenes arbeiten in allen Branchen vorkommt, können Branchen identifiziert werden, in denen projektbezogene Arbeit ständig vorkommt. Besonders die Beratungsbranche steht hier im Vordergrund, dementsprechend wird ihr eine Vorreiterrolle bezüglich der Projektberichterstellung zugesprochen.[280] Daher wird angenommen, dass Unternehmen im Sektor 4 häufiger Projektberichte erstellen als die Unternehmen in den anderen Sektoren.

Berichterstellung bei persönlichem Interesse

Hier kommt es allein auf die Motivation des Einzelnen und damit auf die Unternehmenskultur an, zu einem verbessernden Beitrag in einem Unternehmen beitragen zu können. Es ist kein Grund ersichtlich, aus dem Mitarbeiter irgendeiner Branche keine Berichte veröffentlichen könnten. Es ist also in allen Branchen möglich.

---

[277] Vgl. Klaus North, Stefan Güldenberg „Produktive Wissensarbeit(er)"2008, S. 9.
[278] Vgl. Klaus Götz, Michael Schmid „Praxis des Wissensmanagements"2004, S. 131.
[279] Vgl. Gilbert Probst, Stefan Raub, Kai Romhardt „Wissen managen" 2006, S. 74.
[280] Vgl. Gilbert Probst, Stefan Raub, Kai Romhardt „Wissen managen" 2006, S. 74.

Eine Branchenabhängigkeit ist jedoch trotzdem zu unterstellen. Dies begründet sich in der Annahme, dass vornehmlich Wissensarbeiter die Schlüsselmitarbeiter[281] in einem Unternehmen sind und diese über unternehmensrelevantes Wissen verfügen haben. D.h. je mehr Wissensarbeiter in einem Unternehmen arbeiten, desto mehr potentiell preiszugebendes Wissen existiert. Auf die Argumentation aus dem Kapitel 6 aufbauend, ist anzunehmen, dass es in wissensintensiven Branchen, in denen ein höherer prozentualer Anteil an Wissensarbeitern vorkommt, mehr Berichte durch individuelles Interesse entstehen, als in weniger wissensintensiven Branchen. Es ist also anzunehmen, dass die Häufigkeit und Intensität der Durchführung der Methode Allgemeine Berichte von Sektor 1 bis Sektor 4 ansteigt.

Personalentwicklungsprozesse

Auch in Bezug auf die Durchführung dieser Methode gibt es branchenabhängige Unterschiede. Wie in Kapitel 7.1 bereits angesprochen, ist eine Verkürzung der Halbwertzeit des Wissens überall zu bemerken.[282] Besonders bemerkbar ist dieses in der IT- und Softwarebranche.[283] Aber auch ein Steuerberater kann nach seiner Steuerberaterprüfung nicht mit dem Erlernten ein Berufsleben lang auskommen. Die Annahme liegt nahe, dass in Branchen in denen die Halbwertzeit des Wissens besonders kurz ist und das Wissen bzw. die Kompetenz der Mitarbeiter besonders im Vordergrund steht, Personalentwicklungsmaßnahmen intensiver genutzt werden, als in Branchen in denen die Halbwertzeit des Wissens länger ist. Wie ebenfalls in Kapitel 7.1 erläutert, ist eine kürzer werdende Halbwertzeit des Wissens besonders in hoch technologisierten und wissensintensiven Branchen zu vermuten.[284] Daher sind es auch diese Branchen die vorrangig in den Sektoren 2 und 4 vorkommen, in denen die Häufigkeit und Intensität der Durchführung von Personalentwicklungsmaßnehmen verstärkt vermutet wird.

Wissensaustausch mit Hochschulen

Obwohl ein hoher Bedarf an engen Kooperationen zwischen Hochschulen und wirtschaftlichen Unternehmen besonders in den Branchen, in denen die Arbeit einen wissenschaftlichen Charakter hat, z.B. medizinischen, biologischen und chemischen Branchen, annehmbar ist,[285] ist kein bemerkbarer Einfluss der Branche zu erwarten. Dies begründet sich in der Tatsache, dass die Zusammenarbeit zwischen Hochschulen und Unternehmen überwiegend zufällig entsteht.[286]

Wissensaustausch mit Lieferanten

Ein Wissensaustausch über Geschäftsverbindungen oder anderen Stakeholdern kann für beide Seiten, Aufschlüsse über die eigene Leistung bringen.[287] Gemeinsame Forschungsprojekte können darüber hinaus die geschäftliche Zusammenarbeit effizienter werden lassen. Auch

---

[281] Vgl. Gilbert Probst, Stefan Raub, Kai Romhardt „Wissen managen" 2006, S. 197.

[282] Vgl. Wolfgang Jaspers, Gerrit Fischer „Wissensmanagement heute" 2008, S. 1.

[283] Vgl. Wolfgang Jaspers, Gerrit Fischer „Wissensmanagement heute" 2008, S. 26.

[284] Vgl. Wolfgang Jaspers, Gerrit Fischer „Wissensmanagement heute" 2008, S. 1.

[285] Vgl. Hochschul Rektoren Konferenz „Hochschule und Wirtschaft als Partner in Weiterbildung und Wissenstransfer auf dem europäischen Arbeitsmarkt" 1996, S. 38.

[286] Vgl. Hochschul Rektoren Konferenz „Hochschule und Wirtschaft als Partner in Weiterbildung und Wissenstransfer auf dem europäischen Arbeitsmarkt" 1996, S. 44

[287] Vgl. Wolfgang Jaspers, Gerrit Fischer „Wissensmanagement heute" 2008, S. 25.

diese Form der Kooperation ist in allen Branchen denkbar. Es gibt keinen Grund branchenspezifisch ein höheres Vorkommen an intensiver Zusammenarbeit in einer Kunden-Lieferanten-Beziehung zu vermuten.

Wissensaustausch mit Kunden

Sowohl im Business to Consumer (B2C) als auch im Business to Business (B2B) Bereich werden Kunden z.B. bei Ideenfindungen für neue Produkte einbezogen.[288] Oft ist gerade der Kunde die Ideenmaschine, die für die Forschungs- und Entwicklungsabteilung (F&E) die Zündung bringt. Es ist unter anderem ein intensiverer Wissensaustausch zwischen Unternehmen und Kunden in hoch innovativen Branchen zu vermuten[289]. Allerdings wird auf Grund der grundsätzlichen Bereitschaft jedes Unternehmens seine Kunden an sich zu binden und der grundsätzlichen Möglichkeit Kunden zu befragen, kein bemerkenswerter Einfluss der Branchen auf die Durchführung des Wissensaustausches vermutet.

Wissensaustausch mit Konkurrenten

Allianzen zweier oder mehrer Unternehmen können verschiedene Hintergründe haben. Besonders in neuen oder wenig erforschten Bereichen wie der Softwareentwicklung, den Naturwissenschaften oder der universitären Forschung, werden Kooperationen in Form von strategischen Allianzen gesucht.[290] Von diesen erhofft man sich schnellere Ergebnisse realisieren zu können. Da der gesamte Forschungsbereich in den Sektor 4 fällt, werden solche Kooperationen überwiegend in Sektor 4 vermutet. Es ist anzunehmen, dass insbesondere öffentliche Forschungseinrichtungen mit Konkurrenzinstituten kooperieren, da dort der Idealismus der Forschung überwiegend vor dem Konkurrenzverhalten steht.

Rekrutierung von Experten

Denkbar ist der Einsatz dieser Methode in jeder Branche, da in jeder Branche (und damit in jedem Sektor) Fachpersonal benötigt wird.[291] Ist eine dieser Positionen vakant, so ist eine offensive Herangehensweise an den Arbeitsmarkt für jede Branche möglich und annehmbar. Ausschlaggebend ist hier nicht die Branche, sondern die Dringlichkeit mit der die Vakanz von hoch qualifiziertem Personal besetzt werden muss. Es wird daher kein branchenabhängiger Einsatz dieser Methode angenommen.

M&A-Aktivitäten

Unternehmenszusammenschlüsse werden aus den verschiedensten Gründen vollzogen. Ein Grund kann der Erwerb von Fähigkeiten, also von Wissen sein[292]. Eine aktive Vereinnahmung eines anderen Unternehmens, um Wissenslücken zu schließen, ist prinzipiell in jeder Brache denkbar. Allerdings ist hier der unterschiedliche Innovationsgrad der Branchen zu berücksichtigen. Es erscheint einleuchtend, dass sofortige Wissenserzeugung besonders rele-

---

[288] Vgl. Gilbert Probst, Stefan Raub, Kai Romhardt „Wissen managen" 2006, S. 104.

[289] Vgl. Andreas Abecker, Knut Hinkelmann, Heiko Maus, Heinz Jürgen Müller „Geschäftsprozessorientiertes Wissensmanagement" 2002, S. 123.

[290] Vgl. Universität St. Gallen „Strategische Allianzen: wann ein-, wann aussteigen?", Medienmitteilung 25 Juni, 2008, S. 1.

[291] Vgl. Wolfgang Jaspers, Gerrit Fischer „Wissensmanagement heute" 2008, S. 1.

[292] Vgl. Wolfgang Jaspers, Gerrit Fischer „Wissensmanagement heute" 2008, S. 26.

vant in hoch innovativen Branchen ist, da dort ständig Wissen neu entsteht und schnell veraltet.[293] Betroffen sind damit vor allem die IT-Branche und kommerzielle Forschungseinrichtungen. Beides ist in Sektor 4 anzugliedern.

Competitive Intelligence

Es lässt sich in der Literatur kein Grund finden aus dem anzunehmen wäre, dass die Häufigkeit der Durchführung und die Intensität von Competitive Intelligence branchenabhängig ist. Daher wird im Folgenden vorausgesetzt, dass keine Branchenabhängigkeit besteht.

Lessons Learned

Diese Methode ist unabhängig von der Branche in dem Unternehmen agieren einsetzbar, da es lediglich der Sensibilität für Verbesserung bedarf. Es ist anzunehmen, dass diese Methode bevorzugt in Unternehmen angewendet wird, in denen Projektarbeit das Tagesgeschäft dominiert, da die Lessons Learned Methode projektbezogen funktioniert.[294] Somit ist für diese Methode dasselbe anzunehmen, wie für die Methode der Projektberichterstellung. Es wird also angenommen, dass Lessons Learned überwiegend in den Branchen des Sektors 4 durchgeführt wird.

7.1.3   Methoden der Kernaktivität Wissen speichern

Dokumenten-Management-Systeme (Datenbanken)

Hier lässt sich klar ein Nutzerfeld abgrenzen. Auch wenn Unternehmen jeder Art prinzipiell ein solches System implementieren könnten, so ist es nur für Unternehmen von Relevanz, die große Datenmengen zu verwalten haben. Das Entscheidende ist hierbei nicht nur die Menge an Daten, die produziert werden, sondern die Bedeutsamkeit der Verfügbarkeit.[295] Dokumente wie Projektberichte, Produktbeschreibungen, technische Produktinformationen, unternehmensinterne Publikationen, Prozessbeschreibungen oder Verhaltensleitfäden werden vermehrt in wissensintensiven Branchen generiert. Die Unternehmensberatungsbranche ist ein klassisches Beispiel.[296] Jeder Auftrag ist ein Projekt und zu jedem Projekt werden Protokolle und Berichte gefertigt. Auch werden zu jedem Projekt Informationen aus vorherigen Projekten benötigt.[297] Es wird davon ausgegangen, dass diese Wissensmanagementmethode besonders häufig im Sektor 4 zum Einsatz kommt.

Wikiplattform

Diese Art von Datenverwaltung ist von unternehmenskulturellen Eigenschaften wie interne Offenheit, Motivation und verantwortungsvollen Umgang der Nutzer abhängig.[298] Da die Unternehmenskultur nicht Gegenstand dieser Untersuchung ist, kann zu dieser Methode keine den Einfluss der Branche betreffende Aussage gemacht werden.

---

[293] Vgl. Wolfgang Jaspers, Gerrit Fischer „Wissensmanagement heute" 2008, S. 26.

[294] Vgl. Gilbert Probst, Stefan Raub, Kai Romhardt „Wissen managen" 2006, S. 133.

[295] Vgl. Andreas Abecker, Knut Hinkelmann, Heiko Maus, Heinz Jürgen Müller „Geschäftsprozessorientiertes Wissensmanagement" 2002, S. 17.

[296] Vgl. Gilbert Probst, Stefan Raub, Kai Romhardt „Wissen managen" 2006, S. 74.

[297] Vgl. Gilbert Probst, Stefan Raub, Kai Romhardt „Wissen managen" 2006, S. 74.

[298] Johannes Moskaliuk „ Konstruktion und Kommunikation von Wissen mit Wikis"2008, S. 70.

Verwendung von Festplatten als Dokumentenablage

Es wird erwartet, dass alle Unternehmen, die nicht über die anderen Speichermedien wie z.B. ein Dokumenten-Management-System verfügen, die lokale Festplatte nutzen. Dies sind kleine Unternehmen aus den Sektoren 1 bis 3. Von Unternehmen aus dem Sektor 4 wird auch bei kleinen Unternehmen angenommen, dass Daten in dafür produzierten Systemen abgespeichert werden.

Verwendung von Emailverwaltungsprogrammen als Dokumentenablage

Auch die Datenspeicherung im Email-Account ist nur dann zu erwarten, wenn kein DMS eingesetzt wird. Damit ist anzunehmen, dass diese Methode in denselben Unternehmen eingesetzt wird, die auch Daten auf lokalen Festplatten speichern. Diese befinden sich in den Sektoren 1, 2 und 3.

Ruhestandsregelung (pensionierte Mitarbeiter können vertraglich weiter beratend zur Seite stehen)

Anzunehmen ist der Einsatz dieser Methode in Unternehmen die eine Altersstruktur aufweisen, in der das Durchschnittsalter sehr hoch liegt, da dort verhältnismäßig öfters Angestellte pensioniert werden. Hier ist zu befürchten, dass das Unternehmen in kurzer Zeit viele erfahrene Mitarbeiter verliert. Die Ruhestandsregelung verhindert zunächst den immensen Wissensverlust.[299] Unternehmen mit passender Altersstruktur sind vor allem in Sektoren 2 und 4 zu vermuten, wie eine Untersuchung der Gutenberg Universität Mainz hergibt.[300]

Die Durchführung dieser Methode begründet sich in der Tatsache, dass implizites Wissen nur äußerst schwer zu externalisieren ist[301] und der längere Erhalt des alten Erfahrungswissens in vielen Situationen von großem Vorteil sein kann.[302] Es wird daher vermutet, dass diese Methode überwiegend in den Sektoren 2 und 4 angewendet wird.

Dokumentation von Prozessen

Die Dokumentation wichtiger Geschäftsprozesse ermöglicht ein standardisiertes Vorgehen. Dieses Vorgehen, ist besonders in wenig wissensintensiven Prozessen von Vorteil, weil dort durch Standardisierung ein großes Einsparpotential vorhanden ist.[303] Außerdem stellt sich die Dokumentation von wissensintensiven Prozessen weitaus schwieriger dar als die Dokumentation nicht wissensintensiver oder stark strukturierter Prozesse.[304] Insgesamt ist zu vermuten, dass wenig wissensintensive Prozesse öfters in wenig wissensintensiven Branchen vorkommen. Daher wird vermutet, dass diese Methode öfter in den Sektoren 1, 2 und 3 vorkommt als in Sektor 4.

---

[299] Vgl. Gilbert Probst, Stefan Raub, Kai Romhardt „Wissen managen" 2006, S. 199.

[300] Beate Hörr, Tamara Teichmann, Susanne Heinzelmann „Weiterbildungssituation älterer Arbeitnehmerinnen und Arbeitnehmer in der Region Mainz: Modelle und Perspektiven", S. 9.

[301] Vgl. Gabriele Vollmar „Knowledge Gardening" 2007, S. 15.

[302] Vgl. Gilbert Probst, Stefan Raub, Kai Romhardt „Wissen managen" 2006, S. 209.

[303] Vgl. Klaus North, Stefan Güldenberg „Produktive Wissensarbeit(er)" 2008, S. 199.

[304] Vgl. Andreas Abecker, Knut Hinkelmann, Heiko Maus, Heinz Jürgen Müller „Geschäftsprozessorientiertes Wissensmanagement"2002, S. 115

Kollektive Begriffsbestimmungen

Der Einsatz ist nur zielführend, wenn eine hohe kommunikative Frequenz unter mehreren Mitarbeitern in einem Fachgebiet gegeben ist. Dies ist vor allem in wissenschaftlichen Einrichtungen, Beratungsunternehmen und diversen Fachabteilungen zu vermuten, da die direkte Kommunikation und die Arbeit in Teams dort einen entscheidenden Mehrwert darstellen. Ebenfalls notwendig ist die Anwendung einer solchen Methode, wenn Spezialisten aus verschiedenen Fachgebieten an einem gemeinsamen Projekt beteiligt sind.[305] Dies bezieht sich z.B. auf fachspezifische Workshops, Think Tanks und diverse Arten von Brain-Storming-Sitzungen. Da mit zunehmender Projektlastigkeit die Wahrscheinlichkeit steigt, dass solche Projekte entstehen und in der Beratungsbranche nahezu ausschließlich projektbezogen gearbeitet wird[306], wird der Einsatz dieser Methode tendenziell in Sektor 4 gesehen.

7.1.4   Methoden der Kernaktivität Wissen teilen

Groupware

Diese Art der Kollaboration setzt voraus, dass alle Beteiligten elektronisch miteinander vernetzt sind und an wissensintensiven Prozessen beteiligt sind. Entsprechende Mitarbeiter finden sich überwiegend in projektorientierten also wissensintensiven[307] Branchen, die wiederum wie die Beratungsbranche[308] in Sektor 4 anzusiedeln sind. Daher wird vermutet, dass Groupware überwiegend in den Branchen in Sektor 4 eingesetzt wird.

Newsletter

Newsletter sind nur möglich, wenn alle Adressaten per Email erreichbar sind. Somit ist diese Methode in Unternehmen in denen nur ein geringer Teil der Belegschaft an einem Computer arbeitet unsinnig, es sei denn die enthaltenen Neuigkeiten betreffen nur die an einem Computer arbeitenden Mitarbeiter.

Prinzipiell ist diese Methode in allen Unternehmen anwendbar, in denen Mitarbeiter über Email erreichbar sind.

Da wie in Kapitel 6 erklärt davon auszugehen ist, dass der prozentuale Anteil der Wissensarbeiter von Sektor 1 bis Sektor 4 ansteigt und damit in Sektor 4 die prozentual höchste Anzahl an Mitarbeitern, die über Email erreichbar sind, vermutet wird, liegt die Annahme nahe, dass der Einsatz von Newsletter dort vorrangig ist.

Intranet

Hier ist zunächst zu betrachten, wie groß der potentielle Nutzerkreis ist. In Unternehmen in denen der Großteil der Mitarbeiter während der Arbeitszeit keinen Zugang zum Intranet hat, kann das Potential dieser Methode kaum ausgenutzt werden. Dies bedeutet also, dass der effiziente Einsatz dieses Instruments auf Unternehmen beschränkt ist, in denen Mitarbeiter die

---

[305] Vgl. Klaus North, Stefan Güldenberg „Produktive Wissensarbeit(er)" 2008, S. 253.

[306] Vgl. Gilbert Probst, Stefan Raub, Kai Romhardt „Wissen managen" 2006, S. 74.

[307] Vgl. Andreas Abecker, Knut Hinkelmann, Heiko Maus, Heinz Jürgen Müller „Geschäftsprozessorientiertes Wissensmanagement" 2002, S. 297.

[308] Vgl. Gilbert Probst, Stefan Raub, Kai Romhardt „Wissen managen" 2006, S. 74.

Möglichkeit haben auf das Intranet zuzugreifen. Eine britische Studie ergab, dass „mindestens 40 Prozent der potentiellen Nutzer"[309] das Angebot auch nutzen sollten.

In der Regel kann auf das Intranet über Internetleitungen zugegriffen werden. Diese werden auch über Satellitenverbindungen, also praktisch überall zur Verfügung gestellt. Die nahezu uneingeschränkte Erreichbarkeit macht eine Intranetlösung vor allem für Unternehmen interessant, in denen Mitarbeiter ein hohes Reiseaufkommen haben. Somit ist eine Intranetlösung für Beratungsunternehmen oder Vertriebsorganisationen potentiell attraktiv. Daraus ergibt sich die Annahme, dass Intranetlösungen überwiegend in Sektor 4 eingesetzt werden.

Jobrotation

Es ist anzunehmen, dass die Jobrotation vermehrt zum Einsatz kommt, wenn Arbeitsplätze den Mitarbeitern einen fest strukturierten Arbeitsalltag bescheren, also typische Arbeitsabläufe existieren. Ziel einer Jobrotation ist z.B. die Steigerung von Flexibilität, Qualifikation und Motivation.[310] Sind die Arbeitsplätze zwischen denen gewechselt wird nicht strukturiert, sondern werden die Mitarbeiter ständig mit noch nie vorgekommenen Anforderungen konfrontiert und wird ständig neues Wissen gefordert, können diese Ziele genauso gut in an dem alten Arbeitsplatz erreicht werden. Zum einen ist eine hohe Aufgabenvielfalt schon gegeben und zum anderen kann für den Arbeitsplatz kein spezifisches Wissen über einen Arbeitsplatzwechsel verteilt werden. Diese nicht strukturierten Arbeitsplatzverhältnisse können auch mit projektintensiven Arbeitsplätzen gleichgesetzt werde, da Projekte (auch bei ähnlichem Ablauf) immer individuelle und neue Anforderungen an die Projektbetreuer stellen. Branchen in denen vorrangig projektorientiert gearbeitet sind finden sich wie schon gesagt in Sektor 4, wobei hier in erster Linie die Unternehmensberatungsbranche zu nennen ist.[311] Daher wird vermutet, dass Jobrotation häufiger in den Sektoren 1, 2 und 3 als in Sektor 4 durchgeführt wird.

Meister-Schüler-Beziehungen

Diese Methode erfreut sich in den letzten Jahren wieder steigender Beliebtheit.[312] Dies resultiert aus den veränderten Marktbedingungen. Arbeitskräfte müssen schneller und besser eingearbeitet werden, da durch eine höhere Dynamik am Arbeitsmarkt kürzere Beschäftigungsverhältnisse entstehen.[313] Solche Voraussetzungen entwickeln sich vor allem in technologieintensiven Branchen.[314] Beispiele dafür sind *„die Computer-, Kommunikations- und Unterhaltungselektronikbranche"*.[315] Es wird daher vermutet, dass die Methode Meister-Schüler-Beziehungen verstärkt in Sektor 4 eingesetzt wird.

Communities of Practice

Diese Methode lässt sich in allen Branchen einsetzen. Es sind in jeder Branche spezifische Wissensbereiche denkbar für die es Begeisterte gibt, die sich in einer solchen Communitiy

---

[309] Klaus Götz, Michael Schmid „Praxis des Wissensmanagements" 2004, S. 264.
[310] Manfred Becker „Personalentwicklung" 2005, S. 423.
[311] Vgl. Gilbert Probst, Stefan Raub, Kai Romhardt „Wissen managen" 2003, S. 74.
[312] Vgl. Manfred Becker „Personalentwicklung" 2005, S. 410.
[313] Vgl. Manfred Becker „Personalentwicklung" 2005, S. 410.
[314] Vgl. Niels Stieglitz „Strategie und Wettbewerb in konvergierenden Märkten" 2004, S. 8.
[315] Niels Stieglitz „Strategie und Wettbewerb in konvergierenden Märkten" 2004, S. 8.

organisieren wollen. North et al. Zeigt auf, wie eine solche Community funktionieren kann. Dabei ist in keiner Weise erkennbar, dass die Branche dabei einen Einfluss nehmen könnte.[316]

7.1.4.1   Methoden des Wissenscontrollings

Wissensbilanz

Prinzipiell ist ein Einsatz dieses Instrumentes in jedem Unternehmen möglich. Allerdings ist davon auszugehen, dass ein Instrument zur Messung des Wissenskapitals überwiegend in wissensintensiven Unternehmen eingesetzt wird, da sich dort der Einsatz eines solchen Instruments besonders lohnt.[317] Diese wiederum sind vor allem in Sektor 4 zu vermuten.

Balanced Scorecard (BSC)

Obwohl ein Zusammenhang zwischen der Nutzung einer BSC und der Wissensintensität von Wirtschaftszweigen (Branchen) logisch erscheint, belegt eine Studie von 2003[318], dass die BSC branchenunabhängig die Unternehmen interessiert. Es wird daher kein Einfluss der Branche auf die Durchführung von BSC vermutet.

7.2   Der Einflussfaktor Unternehmensgröße

Mit wachsender Unternehmensgröße ändern sich die Anforderungen die an das Management eines Unternehmens gestellt werden.[319] Dies betrifft jeden Bereich eines Unternehmens. Damit vervielfältigen sich nicht nur die Aufgaben, sondern sie werden gleichermaßen komplexer. Entscheidend ist letztendlich das Zusammenspiel aller Abteilungen und Positionen in einem Unternehmen.

Diese zunehmende Komplexität trifft auch auf die Organisation des Wissensmanagements zu.[320] Betrachtet man lediglich die Kernaktivität Wissensteilung, dann ist nachvollziehbar, dass eine Wissensweitergabe in einem Betrieb mit zwei Mitarbeitern anderen Bedingungen unterstellt ist, als in einem Betrieb in dem 200 oder sogar 2000 Mitarbeiter beschäftigt sind.[321]

Dieser Unterschied und die gesteigerte Komplexität in größeren Unternehmen erkennt auch Jürgen Dormann (Aventis und ABB), der in einem Interview mit Führungskräften der Unternehmensberatung McKinsey darstellt, dass er fasziniert beobachtet, wie Gründer von Biotech-Unternehmen in ihren Anfängen alles in Bezug auf Wissensmanagement richtig ma-

[316]   Vgl. Klaus North, Stefan Güldenberg „Produktive Wissensarbeit(er)" 2008, S. 187.
[317]   Kai Mertins, Kay Alwert, Peter Heisig "Wissensbilanzen"2005, S. 136.
[318]   Vgl. Horváth & Partners „Balanced Scorecard" 2004, S. 14.
[319]   Vgl. Sonja Gust von Loh „Wissensmanagement und Informationsbedarfsanalyse in kleinen und mittleren Unternehmen" 2008, S. 127.
[320]   Vgl. Sonja Gust von Loh „Wissensmanagement und Informationsbedarfsanalyse in kleinen und mittleren Unternehmen" 2008, S. 127.
[321]   Vgl. Susanne Kraemer „Wissenslandkarten im Wissensmanagement", S. 3.

chen.[322] Dies geht mit zunehmender Größe des Unternehmens verloren. Herr Dormann fragt sich weiter, „warum effizientes Wissensmanagement in großen, traditionell gewachsenen, stark durchstrukturierten Konzernen so schwierig ist."[323]

Zusätzlich werden in einer Studie des Fraunhofer Instituts unterschiedliche Bedingungen festgestellt, auf die Wissensmanagement in kleinen und großen Unternehmen trifft. Die Studie ergibt, dass die Unternehmenskultur in gut der Hälfte der befragten kleinen Unternehmen den Wissenstransfer unterstützt. Weiter belegt die Studie, dass die Unternehmenskultur und besonders die Kommunikationskultur in großen Unternehmen als problematisch in Bezug auf Wissensmanagement angesehen werden[324].

Die Hinweise in der Literatur unterstützen die Annahme, dass die Unternehmensgröße Einfluss auf das Wissensmanagement und damit auf die Auswahl und Gestaltung der Wissensmanagementmaßnahmen hat.

Es lässt sich also folgende Hypothese formulieren:

(2) Das organisierte Durchführen von Wissensmanagement ist abhängig von der Unternehmensgröße.

7.2.1   Einflüsse der Unternehmensgröße auf die Kernaktivitäten des Wissensmanagements

Es wird nachfolgend der Einfluss der Unternehmensgröße auf die einzelnen Methoden untersucht. Die Methoden sind wie in Kapitel 7.1 den Kernaktivitäten untergeordnet.

7.2.1.1   Methoden der Kernaktivität Wissen identifizieren

Best Practice (Identifikation und Transfer)

Es ist anzunehmen, dass diese Methode schon in Kleinstunternehmen angewendet wird, da kleine Unternehmen In der Regel flexibler als Große sind und so besser auf Anpassungen reagieren können.[325]

Trotz größerem Aufwand bei der Analyse und bei dem Transfer, ist die Best Practice Methode auch in großen Unternehmen ein adäquates Mittel um Wissen zu identifizieren und später zu verteilen. Dies belegt eine Studie der Beratungsgesellschaft Kienbaum aus dem Jahre 1995.[326] Der Nutzen übertrifft bei weitem den Aufwand. Vor allem in produzierenden Unternehmen lassen sich mit zunehmender Größe immense Kosteneinsparungen realisieren.[327] Es ist daher anzunehmen, dass die Best Practice Methode unabhängig von der Unternehmensgröße eingesetzt wird.

---

[322] Vgl. Jürgen Kluge, Wolfram Stein, Thomas Licht, Michael Kloss „Wissen entscheidet" 2003, S. 23.
[323] Jürgen Kluge, Wolfram Stein, Thomas Licht, Michael Kloss „Wissen entscheidet" 2003, S. 23.
[324] Vgl. Fraunhofer Wissensmanagement Community „Wissen und Information 2005" 2005, S. 99.
[325] Vgl. Franz Lehner, Ulrich Remus „Prozeßmanagement im Mittelstand als Ausgangspunkt für die Einführung des Wissensmanagements" 2000, S. 184.
[326] Vgl. Jochen Kienbaum „Benchmarking Personal" 1997, S. 5.
[327] Vgl. Gilbert Probst, Stefan Raub, Kai Romhardt „Wissen managen" 2003, S. 164.

Wissenslandkarte

In mittlere und große Unternehmen die zum Teil an mehreren Standorten operieren und bei denen ein Standort mehrere Hundert Mitarbeiter umfasst, ist der Überblick über den Wissensbestand schwierig.[328] Betrachtet man nicht nur das Humankapital als möglichen Wissensspeicher, sondern auch das möglicherweise explizit vorhandene Wissen in Bibliotheken und digitalen Systemen, ist ein Einsatz einer Wissenslandkarte hier der Transparenzerhöhung förderlich.[329] Obwohl diese Methode durchaus auch für kleine Unternehmen einen Mehrwert darstellt[330], ist zu beobachten, dass diese Methode überwiegend von mittleren und großen Unternehmen eingesetzt wird.[331] Dies liegt zum einen an der angesprochenen breiteren Verteilung des Wissens in großen Unternehmen und zum anderen an der symptomatisch mangelnden Investitionsbereitschaft kleiner Unternehmen bezogen auf Wissensmanagement.[332] Trotz der Tatsache, dass diese Beobachtungen bereits 10 Jahre zurückliegen[333], ist davon auszugehen, dass Wissenslandkarten immer noch überwiegend von großen Unternehmen eingesetzt werden, da die Gründe für kleine und große Unternehmen diese Methode anzuwenden oder sie nicht anzuwenden Bestand haben.

Kunden- und Lieferantenfeedback

Es gelten dieselben Voraussetzungen wie in Kapitel 7.1.1 beschrieben. Daher wird auch hier kein Zusammenhang zwischen der Unternehmensgröße und der Durchführung dieser Methode vermutet.

Expertenverzeichnis

Es ist anzunehmen, dass ein Expertenverzeichnis in Unternehmen eingesetzt wird, in denen eine große Anzahl von Mitarbeitern mit unterschiedlicher Expertise angestellt ist. Dies ist insbesondere für große Unternehmen mit verschiedenen internationalen Standorten eine effiziente Lösung.[334] Daher ist anzunehmen, dass diese Methode überwiegend von großen und mittleren Unternehmen angewendet wird.

7.2.1.2   Methoden der Kernaktivität Wissen erzeugen

Projektberichte/Projektzwischenberichte

Vor allem in großen, international agierenden Unternehmen ist es von Bedeutung und gleichermaßen schwierig einen Überblick über erlebte Projekterfahrungen zu behalten.[335] Grund dafür ist zum einen die größere Anzahl an Projekten die gefahren werden und die damit ver-

---

[328] Vgl. Susanne Kraemer „Wissenslandkarten im Wissensmanagement", S. 3.

[329] Vgl. Sonja Gust von Loh „Wissensmanagement und Informationsbedarfsanalyse in kleinen und mittleren Unternehmen" 2008, S. 129.

[330] Vgl. Susanne Kraemer „Wissenslandkarten im Wissensmanagement", S. 31.

[331] Vgl. Susanne Kraemer „Wissenslandkarten im Wissensmanagement", S. 31.

[332] Vgl. Sonja Gust von Loh „Wissensmanagement und Informationsbedarfsanalyse in kleinen und mittleren Unternehmen" 2008, S. 127.

[333] Vgl. Susanne Kraemer „Wissenslandkarten im Wissensmanagement", S. 27.

[334] Vgl. Sonja Gust von Loh „Wissensmanagement und Informationsbedarfsanalyse in kleinen und mittleren Unternehmen" 2008, S. 127.

[335] Vgl. Gilbert Probst, Stefan Raub, Kai Romhardt „Wissen managen" 2006, S. 74.

bunden Doppelspurigkeit, die durch dezentrale Beauftragung passiert.[336] Es wird daher angenommen, dass Projektberichte öfters und intensiver in großen Unternehmen erstellt werden,
als in kleinst, kleinen und mittleren Unternehmen.

Berichterstellung bei persönlichem Interesse

Bei außergewöhnlichen Ereignissen oder Erkenntnissen kann es lohnenswert sein, einen Bericht für das Unternehmen zu erstellen. Auch ein betriebliches Vorschlagswesen beruht auf
demselben Prinzip. Mitarbeiter sollen aus eigener Motivation gewinnende Beiträge in Form
von Ideen oder anderen Anmerkungen zum Unternehmen leisten.[337] Die Motivation solch
einen Beitrag zu leisten hängt ist überwiegend von der Unternehmenskultur abhängig.[338] Es
wird nicht vermutet, dass diese von der Unternehmensgröße entscheidend beeinflusst wird.

Personalentwicklungsprozesse

In kleinen und mittleren Unternehmen steht die Erledigung des Tagesgeschäfts im Mittelpunkt und ermöglicht häufig nicht gezielte und strukturierte Personalentwicklungsmaßnahmen[339]. Daher sind strukturierte Personalentwicklungsprozesse überwiegend in großen Unternehmen zu vermuten, obwohl der Bedarf dafür gerade bei kleinen und mittleren Betrieben
groß ist.[340]

Wissensaustausch mit Hochschulen

Wie bereits in Kapitel 7.1.2 erwähnt, entsteht eine Zusammenarbeit zwischen Unternehmen
und Hochschulen überwiegend zufällig.[341] Trotz dessen ergab eine aktuellere Studie[342], dass
vor allem kleine Unternehmen Schwierigkeiten mit der Nutzung wissenschaftsnaher Informationsquellen haben Daher wird ein vermutet, dass Großunternehmen tendenziell mehr
Verbindungen mit Hochschulen eingehen, als Kleine.

Wissensaustausch mit Kunden

Eine Kooperation mit Kunden ist für jedes Unternehmen eine Quelle wichtiger Informationen. Besonders für die Innovationsförderung ist die Instrumentalisierung des Wissens der
Kunden ein wichtiger Faktor.[343]Es ist kein Grund ersichtlich, warum dies nicht sowohl für
kleine, als auch für mittlere und große Unternehmen gelten soll. Dementsprechend kann die
Unternehmensgröße in Bezug auf den Einsatz von Kooperationen zwischen Unternehmen
und deren Kunden, nicht als Einflussfaktor herangezogen werden.

---

[336]   Vgl. Gilbert Probst, Stefan Raub, Kai Romhardt „Wissen managen" 2006, S. 74.

[337]   Vgl. Gilbert Probst, Stefan Raub, Kai Romhardt „Wissen managen" 2006, S. 121.

[338]   Vgl. Sonja Gust von Loh „Wissensmanagement und Informationsbedarfsanalyse in kleinen und mittleren Un-
        ternehmen" 2008, S. 127.

[339]   Dorothea M. Hartmann, Helmut Brentel, Holger Rohn „Lern- und Innovationsfähigkeit von Unternehmen und
        Organisationen" 2006, S. 26.

[340]   Jens Stuhldreier „Sicherung der Wettbewerbsfähigkeit klein- und mittelständischer Unternehmen(KMU) durch
        qualifikatorische Anpassung der Belegschaft in Phasen der Reorganisation. Betrieblicher Wandel und Organisa-
        tionsentwicklung als wirtschafts-pädagogische Aufgabenfelder.", S. 173.

[341]   Vgl. Hochschul Rektoren Konferenz „Hochschule und Wirtschaft als Partner in Weiterbildung und Wissens-
        transfer auf dem europäischen Arbeitsmarkt" 1996, S. 44.

[342]   Bundesministerium für Wirtschaft und Arbeit (Österreich) „Innovationsbericht 2001" 2001, S. 39.

[343]   Vgl. Gilbert Probst, Stefan Raub, Kai Romhardt „Wissen managen" 2006, S. 104, 105.

Wissensaustausch mit Lieferanten

Es ist möglich alle Arten von Stakeholdern also auch Lieferanten als externe Wissensquelle betrachtet.[344] Es lässt sich keine literarische Quelle finden um zu belegen, dass der systematische Wissenserwerb des Wissens von Lieferanten von der Größe des Unternehmens abhängig ist. Es wird also auch im Folgenden keine solche Abhängigkeit vermutet.

Wissensaustausch mit Konkurrenten

Eine Kooperation zwischen konkurrierenden Unternehmen kann verschieden Zwecke bedienen. In jedem Fall ist es für die beteiligten Unternehmen weniger risikoreich und kostengünstiger als die Akquisition eines Unternehmens.[345] Es ist kein Grund ersichtlich aus dem annehmbar wäre, dass die Unternehmensgröße diese Kooperationsbereitschaft beeinflussen würde. Es wird daher auch nicht angenommen, dass ein Einfluss der Unternehmensgröße auf diese Methode besteht.

Rekrutierung (Headhunting)

Wie bereits erwähnt wird das Wissensmanagement wie auch das Personalmanagement in kleinen und mittleren Betrieben auf Grund von limitierten finanziellen und personellen Möglichkeiten (im Gegensatz zu großen Unternehmen) nebensächlich betrieben.[346] Ausschlaggebend für Vermutung, dass eine Personalmanagementmaßnahme wie der externe Erwerb einer Arbeitskraft durch Headhunter vor allem von großen Unternehmen durchgeführt wird, ist die allgemein stärkere Fokussierung von großen Unternehmen auf ihr Humankapital und die damit zusammenhängenden Maßnahmen zur Entwicklung dessen.[347]

Es ist also zu vermuten, dass vor allem große Unternehmen von dieser Methode Gebrauch machen.

M&A-Aktivitäten

Unternehmensübernahmen haben viele verschiedene Gründe. Meist stehen erhoffte Synergieeffekte im Vordergrund. Auch die gezielte Schließung von Wissenslücken kann hier vorrangig sein.[348] Diese Methode der Wissenserzeugung wird häufig von großen Unternehmen, die Schwierigkeiten mit eigenen Innovationsprozessen haben, angewendet.[349] Es ist also anzunehmen, dass M&A Aktivitäten überwiegend von großen Unternehmen durchgeführt werden.

Competitive Intelligence

Die gezielte Erhebung von Markt-, bzw. Wettbewerberinformationen zur besseren Entscheidungsfindung stellt kleine und mittlere Betriebe vor Probleme. Zunächst sind wieder die limitierten finanziellen und personellen Ressourcen zu erwähnen. Dazu kommt noch die Prob-

---

[344] Vgl. Gilbert Probst, Stefan Raub, Kai Romhardt „Wissen managen" 2006, S. 103.

[345] Vgl. Gilbert Probst, Stefan Raub, Kai Romhardt „Wissen managen" 2006, S. 102.

[346] Vgl. Heiner Minssen, Christine Riese „Damit das Wissen nicht in Rente geht" 2007, S. 16

[347] Vgl. Dorothea Alewell, Katrin Bähring, Kirsten Thommes „Eine Theorie der betrieblichen Nachfrage nach Personaldienstleistungen" S. 10.

[348] Vgl. Gilbert Probst, Stefan Raub, Kai Romhardt „Wissen managen" 2006, S. 100, 101.

[349] Vgl. Gilbert Probst, Stefan Raub, Kai Romhardt „Wissen managen" 2006, S. 100.

lematik umfassende Informationen zu kleinen und mittleren Betrieben zu generieren. Diese unterliegen nämlich nicht wie Aktiengesellschaften der Offenlegungspflicht, sodass deren Internetseiten (falls vorhanden) meist nur repräsentativen Zwecken dienen.[350] Ausgehend von diesen Hinderungsgründen ist anzunehmen, dass große Unternehmen häufiger und weitaus intensiver Competitive Intelligence betreiben als kleine und mittlere Gesellschaften.

Lessons Learned

Wie weiter oben bereits erklärt, werden Lessons Learned in Projektabläufe integriert. Projekte finden sowohl in großen, wie auch in kleineren Unternehmen statt. Das häufigere stattfinden in von Projekten großen Unternehmen und das damit verbundene Problem alte Projektberichte im Bedarfsfall vorliegen zu haben, machen den gesamten Prozess in dem Lessons Learned integriert ist für große Unternehmen umso wichtiger.[351] Es wird daher vermutet, dass Lessons Learned häufiger und intensiver in großen Unternehmen durchgeführt wird als in kleinen und mittleren.

7.2.1.3   Methoden der Kernaktivität Wissen speichern

Dokumenten-Management-Systeme (Datenbanken)

Vor allem in großen Organisationen ist es schwer auf benötigte Dokumente schnellen Zugriff zu bekommen.[352] Das kann an der oft bestehenden dezentralen Struktur von großen Organisationen liegen.[353] Es ist außerdem anzunehmen, dass große Unternehmen einer Branche mehr Dokumente erzeugen, die es zu verwalten gilt als kleine derselben Branche. Es ist also ein höherer Bedarf an DMS in großen Unternehmen zu vermuten als in kleinen Unternehmen. Der vermehrte Einsatz von DMS in großen Unternehmen ist darüber hinaus deswegen zu vermuten, weil große Unternehmen abgesehen von dem Bedarf auch eher die ausreichenden finanziellen Mittel zur Verfügung haben um diesen Bedarf zu decken.[354] Daher wird vermutet, dass DMS öfters in großen Unternehmen eingesetzt wird als in kleinen und mittleren.

Wikiplattform

Auf Grund der für kleine Unternehmen symptomatischen Knappheit an finanziellen Ressourcen (in Vergleich zu großen Unternehmen)[355], ist eine so einfach implementierbare und kostengünstige Variante der Wissensspeicherung (die nebenbei auch der Wissensverteilung zugutekommt) für kleine Unternehmen sehr interessant.[356] Es wird daher vermutet, dass diese Methode überwiegend von kleinen Unternehmen durchgeführt wird.

---

[350] Vgl. Sandra Lohmann „Die Beschaffung und Integration externer Information zur situierten und rollenbasierten Entscheidungsunterstützung", S. 112.
[351] Vgl. Gilbert Probst, Stefan Raub, Kai Romhardt „Wissen managen" 2006, S. 74.
[352] Vgl. Gilbert Probst, Stefan Raub, Kai Romhardt „Wissen managen" 2006, S. 74.
[353] Vgl. Gilbert Probst, Stefan Raub, Kai Romhardt „Wissen managen" 2006, S. 74.
[354] Vgl. Sonja Gust von Loh „Wissensmanagement und Informationsbedarfsanalyse in kleinen und mittleren Unternehmen" 2008, S. 129.
[355] Vgl. Sonja Gust von Loh „Wissensmanagement und Informationsbedarfsanalyse in kleinen und mittleren Unternehmen" 2008, S. 127, 128, 130.
[356] Vgl. Sonja Gust von Loh „Wissensmanagement und Informationsbedarfsanalyse in kleinen und mittleren Unternehmen" 2008, S. 130.

Auf der Festplatte

Wie bereits weiter oben erläutert, ist der Einsatz von DMS in großen Unternehmen zu vermuten. Dies bringt mit sich, dass dort wo nicht DMS eingesetzt wird, Daten bzw. Dokumente auf anderen Medien gespeichert werden. Das am einfachsten zu benutzende Medium ist die lokale Festplatte. Es wird vermutet, dass Unternehmen, in denen verhältnismäßig wenige Daten produziert werden, diese auf der lokalen Festplatte speichern. Es wird weiter analog zu der Annahme zu DMS vermutet, dass in kleinen Unternehmen weniger Daten als in großen Unternehmen produziert werden und damit der Einsatz der lokalen Festplatte als Dokumentenablage dort höher ist.

Im Emailaccount

Dies ist lediglich in Unternehmen zu vermuten, in denen kein DMS vorhanden ist. Damit ist auch hier analog zu der Annahme zu DMS zu vermuten, dass der Emailaccount nur in kleinen Unternehmen als Speichermedium verwendet wird.

Ruhestandsregelung (pensionierte Mitarbeiter können vertraglich weiter beratend zur Seite stehen)

Die Demografische Entwicklung in Deutschland macht auch vor der Wirtschaft keinen halt. Alle Arten von Betrieben werden mit einer älter werdenden Belegschaft zu tun haben.[357] Zu problematischen Wissensabwanderungen kann es dann kommen, wenn Pensionierungen mehrere Angestellten wellenartig passieren.[358] Die Problematik wird überwiegend von großen Unternehmen als solche bemerkt. Die darauf bezogenen Maßnahmen sind dennoch nicht von der Qualität, die ausreichen würde um in Zukunft auf die pensionierten Mitarbeiter zu verzichten. Eine Untersuchung ergab, dass jedes fünfte große Unternehmen pensionierte Mitarbeiter wieder zurückholt.[359] Ausgehend von dieser Untersuchung lässt sich vermuten, dass ein beratender Einsatz von pensionierten Mitarbeitern häufiger in großen Unternehmen eingesetzt wird als in mittleren und kleinen.

Dokumentation von Prozessen

Die Dokumentation von Prozessen als ein möglicher Teil eines gesamten Prozessmanagementansatzes war ursprünglich eher für Großunternehmen gedacht.[360] Dies liegt zum einen an den bereits angesprochenen eingeschränkten finanziellen Mitteln von kleinen und mittleren Unternehmen[361] und zum anderen an dem ausgeprägteren Funktionsdenken für einzelne Unternehmensbereich in großen Unternehmen.[362] Trotz einiger staatlicher Bemühungen und einer teilweisen Veränderung in dieser Hinsicht,[363] bleibt anzunehmen, dass die Dokumenta-

---

[357] Vgl. Heiner Minssen, Christine Riesen „Damit das Wissen nicht in Rente geht" 2007, S. 14.

[358] Vgl. Heiner Minssen, Christine Riesen „Damit das Wissen nicht in Rente geht" 2007, S. 14.

[359] Vgl. Heiner Minssen, Christine Riesen „Damit das Wissen nicht in Rente geht" 2007, S. 15.

[360] Vgl. Franz Lehner, Ulrich Remus „Prozessmanagement im Mittelstand als Ausgangspunkt für die Einführung des Wissensmanagements" 2000, S. 180.

[361] Vgl. Franz Lehner, Ulrich Remus „Prozessmanagement im Mittelstand als Ausgangspunkt für die Einführung des Wissensmanagements" 2000, S. 183.

[362] Vgl. Franz Lehner, Ulrich Remus „Prozessmanagement im Mittelstand als Ausgangspunkt für die Einführung des Wissensmanagements" 2000, S. 186.

[363] Vgl. Franz Lehner, Ulrich Remus „Prozessmanagement im Mittelstand als Ausgangspunkt für die Einführung des Wissensmanagements" 2000, S. 184.

tion von Prozessen intensiver und häufiger von großen als von kleinen Unternehmen eingesetzt wird.

Kollektive Begriffsbestimmungen

Vor allem in größeren, dezentral aufgestellten Unternehmen ist eine Vereinheitlichung in bestimmten Bereichen wichtig.[364] Mitarbeiter aus verschiedenen Fachrichtungen und Abteilungen können dadurch Missverständnisse vermeiden.[365] Es wird daher vermutet, dass diese Methode häufiger und intensiver in großen Unternehmen als in kleinen und mittleren durchgeführt wird.

7.2.1.4 Methoden der Kernaktivität Wissen teilen

Groupware

Da die Software-Gruppe der Groupware-Programme zu einer relativ weit entwickelten Generation von komplexen Unternehmenssoftware-Tools zählt und diese ein gewisses Budget voraussetzen, ist grundlegend zu vermuten, dass kleine und mittlere Unternehmen seltener eine solche Software in ihrem Unternehmen implementieren. Dies liegt an den schon mehrfach angesprochenen limitierten finanziellen Ressourcen in kleinen und mittleren Unternehmen.[366]

Da jedoch der Bedarf an solchen Instrumenten auch in kleinen und mittleren Unternehmen existiert,[367] können keine weiteren Gründe gegen eine Verwendung von Groupware in kleinen und mittleren Unternehmen angebracht werden. Es ist also ausschließlich auf Grund der unterschiedlichen Finanzkraft von großen und mittleren bzw. kleinen Unternehmen zu vermuten, dass Groupware-Lösungen häufiger und intensiver in großen Unternehmen eingesetzt werden.

Newsletter

Die Zusendung einer Email an mehrere Adressaten ist immer dann sinnvoll, wenn eine (textlich) umfangreichere Information an mehrere Empfänger verteilt werden soll. Dieses Prinzip gilt bei 5 Adressaten aber auch bei 50 oder 500. Der Einsatz der Methode ist also nicht abhängig von der Anzahl der Adressaten. Damit ist die Unternehmensgröße als Einflussfaktor auszuschließen.

Intranet

Hier gilt dieselbe Einschränkung bezogen auf die Finanzkraft von kleinen und mittleren Unternehmen wie bei der Methode Groupware. Der Nutzen eines Intranets hingegen ist sowohl für kleine als auch für große Unternehmen vorhanden.[368] Da allerdings die kleineren Unter-

---

[364] Vgl. Gilbert Probst, Stefan Raub, Kai Romhardt „Wissen managen" 2006, S. 203.

[365] Vgl. Gilbert Probst, Stefan Raub, Kai Romhardt „Wissen managen" 2006, S. 203.

[366] Vgl. Franz Lehner, Ulrich Remus „Prozessmanagement im Mittelstand als Ausgangspunkt für die Einführung des Wissensmanagements" 2000, S. 184.

[367] Vgl. Franz Lehner, Ulrich Remus „Prozessmanagement im Mittelstand als Ausgangspunkt für die Einführung des Wissensmanagements" 2000, S. 184.

[368] Vgl. Gilbert Probst, Stefan Raub, Kai Romhardt „Wissen managen" 2006, S. 156.

nehmen finanziell benachteiligt sind, ist auch hier zu vermuten, dass große Unternehmen diese Methode häufiger anwenden als kleine und mittlere Unternehmen.

Jobrotation

Auch in Bezug auf diese Methode wird vorrangig das Problem der kleinen und mittleren Unternehmen in Hinblick auf finanzielle und personelle Ressourcen betrachtet.[369] Thematisch, also auf die Methodik der Jobrotation bezogen, gibt es keine Grundlage einen Einfluss der Unternehmensgröße auf die Durchführung von Jobrotationen zu vermuten. Da der Ressourcenaufwand für diese Methode nicht den gleichen Umfang misst wie den einer Implementierung einer unternehmensweiten Softwarelösung, ist hier ein eher schwacher Einfluss zu vermuten. Es wird also vermutet, dass die Jobrotation geringfügig öfters und intensiver in großen Unternehmen als in kleinen und mittleren eingesetzt wird.

Meister-Schüler-Beziehungen

Betrachtet man die unterschiedlichen Alleinstellungsmerkmale (USP) von großen und kleinen Unternehmen, so stellt man fest, dass gerade kleinst und kleine Unternehmen auf Grund von sehr speziellem Wissen weniger Mitarbeiter oder Geschäftsführer erfolgreich sind. Dies kann ein spezielles Fachwissen eines Einzelnen, weniger Mitarbeiter oder eine sehr intensive Kundenbindung sein (damit verbunden das Wissen über diese Kunden).[370] Folgt in solch einem kleinen Unternehmen ein Generationswechsel, so ist von dem Einsatz der Methode der Meister-Schüler-Beziehung (auch mentoring genannt) auszugehen. Aber auch in großen Unternehmen hält diese Methode trotz verhältnismäßig hoher Personalkosten Einzug. Hintergrund ist der Wunsch nach genauerer Übereinstimmung von Anforderungsprofil und Kompetenzen der zukünftigen Führungskräfte. Diese werden dann unter anderem durch Maßnahmen wie eine Meister-Schüler-Beziehung darauf vorbereitet.[371]

Es wird daher kein Einfluss der Unternehmensgröße auf die Durchführung von Meister-Schüler-Beziehungen vermutet.

Communities of Practice

Zweck einer solchen Community ist der Wissensaustausch und die Wissenserzeugung, also gemeinschaftliches Lernen. Diese Gruppierungen können auch standortübergreifend und auf virtueller Basis existieren.[372]

Es ist nachvollziehbar, dass Kleinstunternehmen diese Methode nicht einsetzen. Auch wenn in der Literatur keine Angaben zur Größe einer Community zu finden ist[373], ist davon auszugehen, dass in Unternehmen die weniger als 50 Mitarbeiter beschäftigen, keine Fachgruppen (CoPs) entstehen. In den meisten Fällen werden die Fachkräfte in einer Abteilung beschäftigt sein, so dass eine weitere Formierung einer Gruppe überflüssig ist. Auch in kleinen Unternehmen ist der Einsatz dieser Methode seltener zu vermuten. Erst in mittleren und großen Unternehmen ist da-

---

[369] Vgl. Sonja Gust von Loh „Wissensmanagement und Informationsbedarfsanalyse in kleinen und mittleren Unternehmen" 2008, S. 127.

[370] Vgl. Heiner Minssen, Christian Riese „Damit das Wissen nicht in Rente geht" 2007, S. 14.

[371] Vgl. Matthias T. Meifert „Strategische Personalentwicklung" 2008, S. 206.

[372] Vgl. Rüdiger Reinhardt, Martin J. Eppler „Wissenskommunikation in Organisationen" 2004, S. 145.

[373] Vgl. Rüdiger Reinhardt, Martin J. Eppler „Wissenskommunikation in Organisationen" 2004, S. 161.

mit zu rechnen, dass Communities of Practice verstärkt eingesetzt werden. Hier sind Fachkräfte über verschiedene Abteilungen oder Projektteams und Standorte verstreut. Es wird also vermutet, dass der Einsatz von Communities of Practice abhängig von der Unternehmensgröße ist und überwiegend in mittleren und großen Unternehmen vorkommt.

7.2.1.5   Methoden des Wissenscontrollings

Wissensbilanz

Eine Wissensbilanz dient der Darstellung und Kontrolle des Wissenskapitals. Hierbei steht sie als Instrument zu mehreren anderen Instrumenten in Konkurrenz.[374] Da die Wissensbilanz noch einen relativ geringen Bekanntheitsgrad aufweist ist davon auszugehen, dass der Einsatz insgesamt selten vorkommt. Es ist nicht auszuschließen, dass Unternehmen aller Größen Wissensbilanzen verwenden. Allerdings ist auf Grund der PR-Maßnahmen, welche sich zum Großteil auf mittelständige Unternehmen bezogen eine Tendenz zu mittleren Unternehmen zu vermuten.[375]

Es ist also kein direkter Einfluss der Unternehmensgröße auf den Einsatz von Wissensbilanzen anzunehmen.

Balanced Scorecard (BSC)

Obwohl es logisch erscheint, dass große Unternehmen mit einer Vielzahl an verschiedenen Aktivitäten, einen größeren Bedarf an einer transparenten Abbildung ihrer unternehmensinternen Wertetreiber haben als kleine, belegt eine Studie von 2003[376], dass die BSC von Unternehmen aller Größenkategorien genutzt wird. Es wird daher kein Zusammenhang zwischen der Unternehmensgröße und der Durchführung der BSC vermutet.

7.3   Zusammenfassung

In diesem Kapitel werden in einem Überblick die Ergebnisse der Untersuchungen des Kapitels 7 dargestellt.

Verdichtet man die oben erarbeiteten Annahmen zu den Methoden, lassen sich Hypothesen über Zusammenhänge zwischen Unternehmensgröße, Branche und Einsatz der Wissensmanagementkernaktivitäten entwickeln.

Verdichtung zu Kernaktivitäten und Hypothesen

Wissen identifizieren

Da angenommen wird, dass der Einsatz von jeweils 3 aus 5 Methoden von der Branche und 2 aus 5 Methoden von der Unternehmensgröße beeinflusst wird und diese Konstellation einen Trend vermuten lässt, lauten die daraus resultierenden Hypothesen:

---

[374] Vgl. Kai Mertins, Kay Alwert, Peter Heisig „Wissensbilanzen", 2005, S. 27.
[375] Vgl. Kai Mertins, Kay Alwert, Peter Heisig „Wissensbilanzen", 2005, S. 41.
[376] Horváth & Partner „Balanced Scorecard" 2004, S. 14.

(1) Es besteht ein schwacher Einfluss der Branche und der Unternehmensgröße auf die Durchführung der Methoden der Kernaktivität Wissen identifizieren. Dieses bewirkt einen unterschiedlich häufigen Einsatz und eine unterschiedlich starke Intensität der Kernaktivität Wissen identifizieren.

(2) Methoden der Kernaktivität Wissen identifizieren werden häufiger von mittleren und großen Unternehmen durchgeführt.

(3) Methoden der Kernaktivität Wissen identifizieren werden häufiger von Unternehmen aus dem Sektor 4 durchgeführt.

Wissen erzeugen

Da angenommen wird, dass der Einsatz von jeweils 7 aus 12 Methoden von der Branche und 8 aus 12 Methoden von der Unternehmensgröße beeinflusst werden, lauten die daraus resultierenden Hypothesen:

(1) Es besteht ein Einfluss der Branche und Unternehmensgröße auf die Durchführung der Methoden der Wissenserzeugung. Dieses bewirkt einen unterschiedlich häufigen Einsatz und eine unterschiedlich starke Intensität der Kernaktivität Wissen erzeugen.

(2) Wissenserzeugung wird in Unternehmen aller Größen durchgeführt. Die Methoden der Kernaktivität Wissen erzeugen werden häufiger und intensiver in großen Unternehmen durchgeführt.

(3) Wissenserzeugung wird in Unternehmen jedes Sektors durchgeführt. Die Methoden der Kernaktivität Wissen erzeugen werden häufiger und intensiver in Unternehmen des Sektors 4 durchgeführt.

Wissen speichern

Da angenommen wird, dass der Einsatz von 6 aus 7 Methoden von der Branche und 7 aus 7 Methoden von der Unternehmensgröße beeinflusst werden, lauten die daraus resultierenden Hypothesen:

(1) Es besteht ein starker Einfluss der Unternehmensgröße und der Branche auf die Durchführung der Methoden der Wissensspeicherung. Dieses bewirkt einen unterschiedlich häufigen Einsatz und eine unterschiedlich starke Intensität der Kernaktivität Wissen speichern.

(2) Wissensspeicherung wird in großen Unternehmen mit größerem Aufwand, also auch mit höherer Intensität betrieben.

(3) Wissensspeicherung wird in den Sektoren 3 und 4 mit größerem Aufwand, also auch mit höherer Intensität betrieben.

Wissen teilen

Da angenommen wird, dass der Einsatz von 5 aus 6 Methoden von der Branche und 4 aus 6 Methoden von der Unternehmensgröße beeinflusst werden, lauten die daraus resultierenden Hypothesen:

(1) Es besteht ein starker Einfluss der Branche und der Unternehmensgröße auf die Durchführung der Methoden der Wissensteilung. Dieses bewirkt einen unterschiedlich häufigen Einsatz und eine unterschiedlich starke Intensität der Kernaktivität Wissen teilen.

(2) Wissensteilung wird intensiver in Unternehmen des Sektors 4 betrieben.

(3) Wissensteilung wird intensiver in großen Unternehmen betrieben.

Wissenscontrolling

Da angenommen wird, dass der Einsatz von 2 aus 2 Methoden von der Branche und 0 aus 2 Methoden von der Unternehmensgröße beeinflusst werden, lauten die daraus resultierenden Hypothesen:

(1) Es besteht ein starker Einfluss der Branche auf die Durchführung der Methoden des Wissenscontrollings. Dieses bewirkt einen unterschiedlich häufigen Einsatz und eine unterschiedlich starke Intensität der Kernaktivität Wissenscontrolling.

(2) Es besteht kein Einfluss der Unternehmensgröße auf die Durchführung der Methoden des Wissenscontrollings.

(3) Wissenscontrolling wird intensiver in Unternehmen des Sektors 4 betrieben.

(4) Wissenscontrolling wird gleich häufig und gleich intensiv in Unternehmen aller Größenordnungen betrieben.

Anhand dieser Aufarbeitung der Kernaktivitäten, lässt sich Grundlegendes annehmen:

(1) Es besteht ein Einfluss der Unternehmensgröße und Branche auf die Auswahl und den Einsatz von Wissensmanagementkernaktivitäten.

8 Erhebung

Kern dieses Kapitels ist die Überprüfung der in Kapitel 7.3 formulierten Hypothesen. Diese Überprüfung erfolgt anhand empirisch erhobener Daten. Die Erhebungsmethode und das Untersuchungsobjekt werden zunächst vorgestellt. Darauf folgt die Darstellung der Ergebnisse der Erhebung einhergehend mit der Überprüfung der Hypothesen.

8.1 Erhebungsmethode

Um Annahmen, also Hypothesen in der Realität überprüfen zu können, wird mittels der Methoden der empirischen Forschung die Realität untersucht. Zwei wichtige Ziele der empirischen wissenschaftlichen Arbeit sind:

„– die Phänomene der realen Welt (möglichst „objektiv") zu beschreiben und zu klassifizieren,
– die (möglichst allgemeingültigen) Regeln zu finden, durch die die Ergebnisse in der realen Welt erklärt und Klassen von Ereignissen vorhergesagt werden können."[377]

Da der Untersuchungsgegenstand unternehmensinterne Abläufe umfasst, waren einige Untersuchungsmethoden von vorne herein nicht durchführbar. Dies unterliegt den Voraussetzungen die eine Forschungsmethode mitbringen muss, die es erlaubt unternehmensinterne Abläufe von möglichst vielen Unternehmen abzubilden. Diese sind:

• Es müssen Daten aus möglichst vielen Unternehmen in möglichst kurzer Zeit generiert werden.
• Der Zeitaufwand für die betreffenden Unternehmen muss dabei möglichst gering gehalten werden.
• Es dürfen dabei keine Unternehmensgeheimnisse an die Öffentlichkeit gelangen (d.h., dass die Daten anonymisiert generiert werden sollten).
• Die Daten sollten möglichst exakt und realitätsnah generiert werden.

Aus diesen Kriterien resultiert, dass eine Beobachtung zu zeitintensiv ist, sowohl für den Beobachter, als auch für das betreffende Unternehmen. Zudem wären die Daten nicht anonym, denn im Vorfeld müsste sich für eine Befragung der Unternehmen entschlossen werden. Auch Interviews mit Verantwortlichen aus den Unternehmen wären für beide Parteien zeitaufwendig und nicht anonym. Interviews mit Experten, die in einer anonymisierten Form über Erfahrungen bei Unternehmen berichten könnten, wären weitaus weniger exakt, als Angaben von Mitarbeitern aus dem Unternehmen selbst.

---

[377] Helmut Kromey „Empirische Sozialforschung" 2006, S. 22.

Ausgehend von diesen Überlegungen und den oben genannten Kriterien, wurde sich für eine elektronische, schriftliche (Online-) Befragung entschlossen. Alle oben erwähnten Kriterien sind damit erfüllt.[378]

8.2   Untersuchungsobjekt

Die Fragestellung, welche die Hypothesen widerspiegelt, bezieht sich auf alle Unternehmen in Deutschland. Somit sind diese auch die Grundgesamtheit der Erhebung.

Die Umfrage wurde gänzlich anonym durchgeführt.

Die befragten Unternehmen wurden willkürlich ausgewählt und es wurde die Businessplattform Xing benutzt. Hier wurde eine Einladung zu der Umfrage, also eine thematische Introduktion zusammen mit dem Link zu der Umfrage in einschlägigen Foren platziert. Insgesamt wurde diese Einladung in 7 verschiedenen Foren eingestellt deren Mitgliederzahl insgesamt weit über 20.000 beträgt.

Diese sind:

- Balanced Scorecard
- Bergisches Land Network
- Human Capital
- Intangible Assets
- Interne und externe Kommunikation
- Intangibles in der Unternehmenssteuerung
- Knowledge Management
- Wissensmanagement

Weiter wurde in dem Newsletter 1/09 Januar/Februar der Gesellschaft für Wissensmanagement auf die Umfrage hingewiesen.

Insgesamt lieferten 108 Unternehmen auswertbare Ergebnisse zu der Befragung. 2 Antworten waren nicht verwertbar.

8.3   Ergebnisse der Umfrage

In diesem Kapitel werden die Ergebnisse der Befragung dargestellt. Die Angaben sind Prozentangaben und werden teilweise durch Grafiken ergänzt.

Zu Beginn der Umfrage wurde nach der

- Unternehmensgröße,
- dem prozentualen Anteil der Mitarbeiter die an einem Computer arbeiten,

---

[378] Teil der Online-Umfrage (s. Anhang) sind Fragen, die in der Auswertung im Folgenden nicht berücksichtigt wurden. Dies liegt daran, dass die Relation zwischen der inhaltlichen Bedeutung für diese Arbeit und der textliche Umfang den die Auswertung dieser Fragen hätte, die Bearbeitung hier nicht rechtfertigt.

- der Branchenzugehörigkeit und
- der Position des Teilnehmers im Unternehmen gefragt.

Diese Fragen ergaben folgende Strukturen:

Es nahmen Unternehmen aller Größenkategorien teil. Hierbei war die größte Gruppe mit 38% Kleinstunternehmen mit einer Mitarbeiterzahl von unter 50 Mitarbeitern. Große Unternehmen waren mit 27%, mittlere mit 10% und kleine mit 25% vertreten. Es ist kein Grund für die Aufteilung in diese Teilnehmerstruktur ersichtlich.

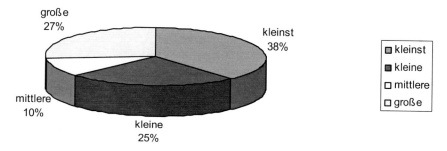

Abbildung 44:   Verteilung der Unternehmensgröße
Quelle: Eigene Darstellung

Nach der Anzahl der Mitarbeiter wurde nach dem prozentualen Anteil der Wissensarbeiter in den Unternehmen gefragt. Der überwiegende Teil 63% der Unternehmen beschäftigt ausschließlich Wissensarbeiter. Nur 13% der befragten Unternehmen beschäftigen 10%-40% Wissensarbeiter. Dieses Ergebnis kann mit der Branchenverteilung der Unternehmen zusammenhängen, die in den folgenden zwei Fragen ermittelt wird. Es kann ebenfalls davon ausgegangen werden, dass diese Verteilung die Entwicklung der Gesellschaft hin zu einer Informations-/Wissensgesellschaft bestätigt.

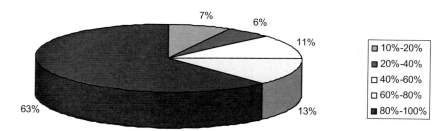

Abbildung 45:   Anteil der Wissensarbeiter im Unternehmen
Quelle: Eigene Darstellung

Die befragten Unternehmen waren zu 67% aus dem Sektor 4. Weitere 32% kamen aus den Sektoren 2 und 3 und lediglich 1% der Befragten kamen aus dem Sektor 1. Auch diese Konstellation ist nicht begründbar. Sie kann lediglich einen Trend des Interesses an Wissensmanagement darstellen, der nach der Verteilung zu urteilen, bei Unternehmen aus dem Sektor 4 intensiv ist.

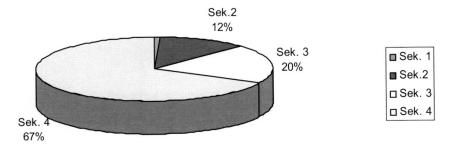

Abbildung 46: *Verteilung der Unternehmen auf Sektoren*
Quelle: *Eigene Darstellung*

Die Positionen, die die Teilnehmern in ihrem Unternehmen innehaben, teilt sich wie folgt auf: 40% und damit der größte Teil der Teilnehmer bekleiden eine hohe Position, nämlich die eines leitenden Angestellten in den befragten Unternehmen. 37% der Teilnehmer gehören zur allgemeinen Belegschaft, 17% der Teilnehmer sind aus der Geschäftsführung und 6% bekleiden sonstige Positionen. Die Thematik Wissensmanagement scheint überwiegend für Personen in leitender Funktion von Interesse zu sein, da über 50% der Teilnehmer eine solche bekleiden.

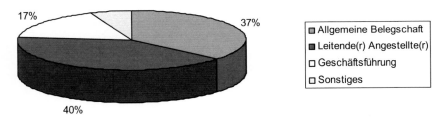

Abbildung 47: *Position der Befragten im eigenen Unternehmen*
Quelle: *Eigene Darstellung*

8.4   Prüfung der Hypothesen

Dieses Kapitel soll grundlegend die Frage klären, ob organisiertes Wissensmanagement überwiegend in Unternehmen einer bestimmten Größe und einer bestimmten Branche betrieben wird. Diese Frage ergibt in einem weiteren Schritt die Hypothesen (2) und (3), die in den Kapiteln 7.1 und 7.2 formuliert und begründet wurden:

Hypothese (2)

- Das organisierte Durchführen von Wissensmanagement ist unternehmensgrößenabhängig.

und

Hypothese (3)

- Das organisierte Durchführen von Wissensmanagement ist branchenabhängig.

Aus der Gesamtmenge der teilnehmenden Unternehmen beantworteten 51% die Frage – *Wird Wissensmanagement in Ihrem Unternehmen organisiert durchgeführt?* – mit „Ja".

Betrachtet man nun die Kategorien im Vergleich, so ergeben sich folgende Zahlen:

Verteilung auf die Kategorien der Unternehmensgrößen

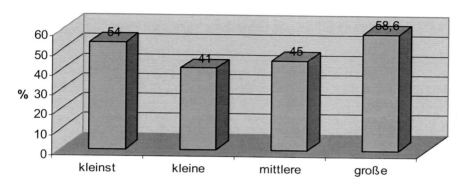

Abbildung 48: Die organisierte Durchführung des Wissensmanagements von Unternehmen unterschiedlicher Größe
Quelle: Eigene Darstellung

Diese Ergebnisse lassen keine Bestätigung der Hypothese (2) zu.

• Das organisierte Durchführen von Wissensmanagement ist unternehmensgrößenabhängig.

zu. Da die Spannweite zwischen dem höchsten und niedrigsten Wert lediglich bei 13% liegt, ist ein Zusammenhang zwischen der Unternehmensgröße und der Durchführung von Wissensmanagementaktivitäten nicht erkennbar.

Verteilung auf die Kategorien der Branche/Sektoren

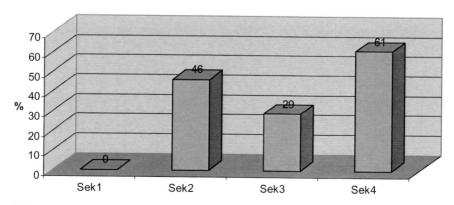

Abbildung 49: Die organisierte Durchführung des Wissensmanagements in verschiedenen Sektoren
Quelle: Eigene Darstellung

Die Hypothese (3) ist damit bestätigt.

- Das organisierte Durchführen von Wissensmanagement ist branchenabhängig.

Bei der Auswertung werden lediglich die Sektoren 2 bis 4 berücksichtigt, da Sektor 1 auf Grund einer zu geringen Teilnehmerzahl keine auswertbaren Ergebnisse liefert. Die Spannweite des höchsten und niedrigsten Werts liegt bei 32%. Die Unternehmen des Sektors 4 betreiben zu 61% Wissensmanagement in organisierter Form. Damit wird die oben genannte Hypothese bestätigt.

Gründe für Wissensmanagement

Auf die Frage: *Aus welchem Grund wurde in Ihrem Unternehmen Wissensmanagement implementiert?* waren über ein Multiple-Choice-Verfahren zwischen sieben antworten wählbar. Eine Mehrfachantwort war möglich. Die Antworten aller Teilnehmer verteilten sich wie folgt:

1.	Drohender Wissensverlust durch Pensionierungen	14%
2.	Wissensmonopolstellung	10%
3.	Drohender Wissensverlust durch hohe Fluktuation	17%
4.	Ineffiziente Wissensnutzung	30%
5.	Ineffiziente Wissensteilung	28%
6.	Wissensmanagement wird als Innovationsgrundlage gesehen	35%
7.	Sonstiges	10%

Unter „Sonstiges" wurden folgende Antworten gegeben:

- Drohender Verlust von Wissen durch mangelhafte 'Vorratshaltung'
- Wissen ist die Basis des Geschäftsmodells einer Unternehmensberatung
- Wissensstrategie abgeleitet aus der Geschäftsstrategie
- „Bilanzierung" von immateriellem Kapital
- Effizientere Bearbeitung von Wiederholungen
- Voraussetzung für besseren Kundenservice
- allgemeine Distribution von Wissen und Information
- Kompetenzvorsprung vor der Konkurrenz
- persönliches Interesse Einzelner
- Wissens effizient zu nutzen ist der Kern unseres Geschäftsmodells

Die Antworten der verschiedenen Größenkategorien

Kleinstunternehmen

Betrachtet man allein die Kleinstunternehmen, so verteilen sich die Antworten wie folgt:

1.	Drohender Wissensverlust durch Pensionierungen	15%
2.	Wissensmonopolstellung	10%
3.	Drohender Wissensverlust durch hohe Fluktuation	10%
4.	Ineffiziente Wissensnutzung	24%
5.	Ineffiziente Wissensteilung	29%
6.	Wissensmanagement wird als Innovationsgrundlage gesehen	37%
7.	Sonstiges	10%

Unter „Sonstiges" wurde folgendes erklärt:

- Drohender Verlust von Wissen durch mangelhafte 'Vorratshaltung'
- Wissensstrategie abgeleitet aus der Geschäftsstrategie
- Effizientere Bearbeitung von Wiederholungen
- Voraussetzung für besseren Kundenservice

Kleine Unternehmen

Betrachtet man allein die kleinen Unternehmen, so verteilen sich die Antworten wie folgt:

1. Drohender Wissensverlust durch Pensionierungen   7%
2. Wissensmonopolstellung   4%
3. Drohender Wissensverlust durch hohe Fluktuation   22%
4. Ineffiziente Wissensnutzung   22%
5. Ineffiziente Wissenteilung   30%
6. Wissensmanagement wird als Innovationsgrundlage gesehen   30%
7. Sonstiges   4%

Unter „Sonstiges" wurde keine weitere Erklärung gegeben.

Mittlere Unternehmen

Betrachtet man allein die mittleren Unternehmen, so verteilen sich die Antworten wie folgt:

1. Drohender Wissensverlust durch Pensionierungen   9%
2. Wissensmonopolstellung   0%
3. Drohender Wissensverlust durch hohe Fluktuation   18%
4. Ineffiziente Wissensnutzung   18%
5. Ineffiziente Wissensteilung   18%
6. Wissensmanagement wird als Innovationsgrundlage gesehen   45%
7. Sonstiges   9%

Unter „Sonstiges" wurde folgendes erklärt:

- Wissen effizient zu nutzen ist der Kern unseres Geschäftsmodells

Große Unternehmen

Betrachtet man allein die großen Unternehmen, so verteilen sich die Antworten wie folgt:

1. Drohender Wissensverlust durch Pensionierungen   21%
2. Wissensmonopolstellung   17%
3. Drohender Wissensverlust durch hohe Fluktuation   21%
4. Ineffiziente Wissensnutzung   34%
5. Ineffiziente Wissensteilung   28%
6. Wissensmanagement wird als Innovationsgrundlage gesehen   34%
7. Sonstiges   17%

Unter „Sonstiges" wurde folgendes erklärt:

- Wissen ist die Basis des Geschäftsmodells einer Unternehmensberatung
- „Bilanzierung" von immateriellem Kapital
- allgemeine Distribution von Wissen und Information
- Kompetenzvorsprung vor der Konkurrenz
- persönliches Interesse Einzelner

Auswertung der Datenbasis

Wie in Kapitel 7 bereits vermutet, betreiben die meisten Unternehmen Wissensmanagement vorrangig problemorientiert. 99% der Teilnehmer setzten einen Haken bei einer der Antworten von 1–5. 35% der teilnehmenden Unternehmen betreiben Wissensmanagement, weil es die Grundlage für Innovationen ist.

Die in Kapitel 7 aufgeführten Gründe für die Formulierung der Hypothese und die Hypothese selbst, bestätigten sich nicht durch die Auswertung des Zahlenmaterials.

In allen vier Größenkategorien wird Wissensmanagement meistens aus dem Grund der gesteigerten Innovationskraft betrieben. Weiter ist für alle vier Größenkategorien die Wissensmonopolstellung das Problem, welches den wenigsten Unternehmen Grund zur Betreibung von Wissensmanagement gibt. Auf einen Blick:

Tabelle 15:   Gründe für die organisierte Durchführung von Wissensmanagement in verschieden großen Unternehmen

	Alle	Kleinst	Kleine	Mittlere	Große
1. Drohender Wissensverlust durch Pensionierungen	14%	15%	7%	9%	21%
2. Wissensmonopolstellung	10%	10%	4%	0%	17%
3. Drohender Wissensverlust durch hohe Fluktuation	17%	10%	22%	18%	21%
4. Ineffiziente Wissensnutzung	30%	24%	22%	18%	34%
5. Ineffiziente Wissensteilung	28%	29%	30%	18%	28%
6. Wissensmanagement wird als Innovationsgrundlage gesehen	35%	37%	30%	45%	34%
7. Sonstiges	10%	10%	9%	9%	17%

Der erste Teil der Hypothese (1) – *Die Gründe für Unternehmen Wissensmanagement zu implementieren, werden von der Unternehmensgröße und Branche beeinflusst.* – lässt sich also nicht bestätigen.

Die Antworten der verschiedenen Branchen

Sektor 1

Betrachtet man allein die Unternehmen aus Sektor 1, so lässt sich kein aussagekräftiges Ergebnis aus der Erhebung ziehen. Die Anzahl der teilnehmenden Unternehmen aus Sektor 1 ist zu gering.

Sektor 2

Betrachtet man allein die Unternehmen aus dem Sektor 2, so verteilen sich die Antworten wie folgt:

1.	Drohender Wissensverlust durch Pensionierungen	21%
2.	Wissensmonopolstellung	17%
3.	Drohender Wissensverlust durch hohe Fluktuation	21%
4.	Ineffiziente Wissensnutzung	34%
5.	Ineffiziente Wissenteilung	28%
6.	Wissensmanagement wird als Innovationsgrundlage gesehen	34%
7.	Sonstiges	17%

Unter „Sonstiges" wurde folgendes erklärt:

- „Bilanzierung" von immateriellem Kapital

Sektor 3

Betrachtet man allein die Unternehmen aus dem Sektor 3, so verteilen sich die Antworten wie folgt:

1.	Drohender Wissensverlust durch Pensionierungen	21%
2.	Wissensmonopolstellung	17%
3.	Drohender Wissensverlust durch hohe Fluktuation	21%
4.	Ineffiziente Wissensnutzung	34%
5.	Ineffiziente Wissenteilung	28%
6.	Wissensmanagement wird als Innovationsgrundlage gesehen	34%
7.	Sonstiges	17%

Unter „Sonstiges" wurde keine weitere Erklärung gegeben.

Sektor 4

Betrachtet man allein die Unternehmen aus dem Sektor 4, so verteilen sich die Antworten wie folgt:

1.	Drohender Wissensverlust durch Pensionierungen	21%
2.	Wissensmonopolstellung	17%
3.	Drohender Wissensverlust durch hohe Fluktuation	21%
4.	Ineffiziente Wissensnutzung	34%
5.	Ineffiziente Wissenteilung	28%
6.	Wissensmanagement wird als Innovationsgrundlage gesehen	34%
7.	Sonstiges	17%

Unter „Sonstiges" wurde folgendes erklärt:

- Drohender Verlust von Wissen durch mangelhafte 'Vorratshaltung'
- Wissen ist die Basis des Geschäftsmodells einer Unternehmensberatung
- Wissensstrategie abgeleitet aus der Geschäftsstrategie
- Effizientere Bearbeitung von Wiederholungen
- Voraussetzung für besseren Kundenservice

- allgemeine Distribution von Wissen und Information
- Kompetenzvorsprung vor der Konkurrenz
- persönliches Interesse Einzelner
- Wissen effizient zu nutzen, ist der Kern unseres Geschäftsmodells

Auswertung der Datenbasis

Auch hier lässt sich die Begründung der Hypothese und die Hypothese selbst nicht bestätigen. Die Unternehmen aller Sektoren die auswertbare Ergebnisse lieferten, hatten einen Schwerpunkt auf der Antwort – *Wissensmanagement wird als Innovationsgrundlage gesehen*. Allein im Sektor 4 wird Wissensmanagement mit 42% öfters aus dem Grund der – *Ineffizienten Wissensnutzung betrieben*. Aber auch hier ist der Grund – *Wissensmanagement wird als Innovationsgrundlage gesehen* – mit 39% an zweiter Stelle. Man kann also nicht von einer branchenspezifischen Unterscheidung bezüglich der Gründe Wissensmanagement zu betreiben, sprechen.

Tabelle 16:   *Gründe für die organisierte Durchführung von Wissensmanagement in den Sektoren*

	Alle	Sek 1	Sek 2	Sek 3	Sek 4
1. Drohender Wissensverlust durch Pensionierungen	14%	0%	8%	5%	18%
2. Wissensmonopolstellung	10%	0%	15%	10%	10%
3. Drohender Wissensverlust durch hohe Fluktuation	17%	0%	8%	5%	22%
4. Ineffiziente Wissensnutzung	30%	0%	8%	5%	42%
5. Ineffiziente Wissensteilung	28%	0%	15%	10%	38%
6. Wissensmanagement wird als Innovationsgrundlage gesehen	35%	0%	38%	24%	39%
7. Sonstiges	10%	0%	8%	0%	14%

Die Gründe für das organisierte Betreiben von Wissensmanagement ähneln sich stark ungeachtet der Branchen und Größen.

Die Hypothese (1) gilt damit als nicht bestätigt.

Nachfolgend werden die in Kapitel 7.3 formulierten Hypothesen durch die gesammelte Datengrundlage aus der Befragung geprüft. Im Detail bedeutet dies, dass jeder Teilnehmer Fragen zu den Kernaktivitäten beantworten sollte. Dies geschah unabhängig davon ob das Unternehmen organisiert Wissensmanagement betreibt. Die einzelnen Wissensmanagementmethoden sind zum Teil Managementmethoden die auch ohne thematischer Zuordnung zum Wissensmanagement durchgeführt werden können. Daher sind die Antworten der Unternehmen die Wissensmanagement nicht organisiert durchführen, ebenso aussagekräftig wie die anderen.

Jede Hypothese bezieht sich auf eine Kernaktivität des Wissensmanagements. Diese wiederum setzen sich zusammen aus einzelnen Wissensmanagementmethoden. Die im Folgenden vorangegangene theoretische Auseinandersetzung mit jeder einzelnen dieser Wissensmanagementmethoden, ergibt für jede Wissensmanagementkernaktivität ein charakteristisches

Gesamtbild aus dem sich eine Annahme/Hypothese formulieren ließ. Um diese Annahmen nun gleichermaßen zu überprüfen, wurde zu jeder Wissensmanagementmethode eine Frage in der Befragung eingebaut. Wieder ergeben die Gesamtheiten der Antworten zu den Fragen über die einzelnen Wissensmanagementmethoden Gesamtbilder, aus denen sich Aussagen über die Wissensmanagementkernaktivitäten

treffen lassen. Diese Aussagen können die Hypothesen dann bekräftigen oder entkräftigen. Die Ergebnisse der vorangegangenen theoretischen Auseinandersetzung mit den Wissensmanagementmethoden auf einen Blick:

Tabelle 17: *Ergebnisse der theoretischen und literarischen Untersuchung der Wissensmanagementkernaktivitäten und ihrer Methoden*

	Branchen-abhängig		Größen-abhängig		Zuordnung Unternehmensgrößen				Zuordnung Sektoren			
	Ja	Nein	Ja	Nein	kleinst	kleine	mittlere	große	S1	S2	S3	S4
Wissen identifizieren												
Wissenslandkarten	×		×		1	1	1	3	1	1	2	3
Kundenfeedback				×	2	2	2	2	2	2	2	2
Lieferantenfeedback		×		×	2	2	2	2	2	2	2	2
Expertenverzeichnis (Gelbe Seiten)	×		×		1	1	2	3	1	1	2	3
Interne Identifikation von Best Practice	×			×	2	2	2	2	1	2	2	1
Wissen erzeugen												
Berichtserstellung												
Nach Projektabschluss	×		×		1	1	2	3	1	1	1	3
Während Projekten	×		×		1	1	2	3	1	1	1	3
Bei persönlichem Interesse	×			×	2	2	2	2	1	2	2	3
Organisationales und individuelles Wissen												
Personalentwicklungsprozesse	×		×		1	1	1	3	1	3	1	3
Kooperationen mit Hochschulen		×	×		1	1	2	3	2	2	2	2
Kooperation mit Lieferanten		×		×	2	2	2	2	2	2	2	2
Kooperation mit Kunden		×		×	2	2	2	2	2	2	2	2
Kooperationen mit Konkurrenten	×			×	1	1	1	1	1	1	1	2
Rekrutierung von Experten		×	×		1	1	1	3	2	2	2	2
M&A Aktivitäten	×		×		1	1	1	3	1	1	1	2
Competitive Intelligence		×	×		1	1	1	3	2	2	2	2
Lessons Learned	×		×		2	2	2	3	2	2	2	3

Legende:
1 = wird selten eingesetzt; 2 = wird eingesetzt; 3 = wird häufig eingesetzt; × = trifft zu; leeres Feld = trifft nicht zu

Tabelle 17:   *Fortsetzung*

	Branchen-abhängig		Größen-abhängig		Zuordnung Unternehmensgrößen				Zuordnung Sektoren			
									S1	S2	S3	S4
	Ja	Nein	Ja	Nein	kleinst	kleine	mittlere	große				
Wissen speichern												
Dokumenten-Management-Systemen (Datenbanken)	×		×		1	1	1	3	1	1	1	3
Festplatte	×		×		3	2	1	1	2	2	2	1
Email account	×		×		3	2	1	1	2	2	2	1
Wikis		×	×		2	1	1	1	2	2	2	2
Ruhestandsregelung (pensionierte Mitarbeiter können vertraglich weiter beratend zur Seite stehen)	×		×		1	1	2	3	1	1	1	2
Prozessdokumentationen	×		×		1	1	1	3	2	2		1
Kollektive Begriffsbestimmungen	×		×		2	2	2	3	2	2	2	3
Wissen teilen												
Groupware	×		×		1	1	1	2	1	1	2	3
Newsletters	×			×	2	2	2	2	1	1	1	2
Intranet (News)	×		×		2	2	2	3	1	2	2	3
Communities of Practice		×	×		1	1	2	3	2	2	2	2
Jobrotation	×		×		1	1	1	2	2	2	2	1
Meister-Schüler-Beziehungen	×			×	2	2	2	2	2	2	2	3
Wissenscontrolling												
Wissensbilanz	×			×	1	1	1	1	1	1	1	2
Balanced Scorecard		×		×	2	2	2	2	2	2	2	2

Legende:
1 = wird selten eingesetzt; 2 = wird eingesetzt; 3 = wird häufig eingesetzt; × = trifft zu; leeres Feld = trifft nicht zu

Ausgewertet wird im Folgenden, wie häufig und intensiv eine Methode von Unternehmen einer bestimmten Kategorie eingesetzt wird. In der Umfrage konnte bezogen auf die Intensität in einer Skala mit vier Skaleneinheiten die Intensität bestimmt werden, mit der eine Methode eingesetzt wird. Die Skaleneinheiten sind:

- wenig intensiv,
- teils teils,
- intensiv und
- sehr intensiv.

In der Auswertung der Daten wurden den Einheiten Zahlen von 1–4 zugeordnet. Hierbei wurde die 1 der niedrigsten Intensität (wenig intensiv) und die 4 der höchsten Intensität (sehr intensiv) zugeteilt. Aus dem arithmetischen Mittel der Ergebnisse für eine Methode lässt sich bestimmen, wie intensiv eine Methode von den Unternehmen einer Kategorie angewendet wird. Fasst man nun diese Durchschnittsgrößen aller Methoden einer Kernaktivität zusammen und bildet erneut ein arithmetisches Mittel, so lässt sich erfassen, wie intensiv eine Kernaktivität von einer Kategorie betrieben wird.

8.4.1 Hypothesen zu der Kernaktivität Wissen identifizieren

Hypothese (4)

* Es besteht ein schwacher Einfluss der Branche und der Unternehmensgröße auf die Durchführung der Methoden der Kernaktivität Wissen identifizieren. Dieses bewirkt einen unterschiedlich häufigen Einsatz und eine unterschiedlich starke Intensität der Kernaktivität Wissen identifizieren.

Hypothese (5)

* Methoden zur Wissensidentifikation werden häufiger von mittleren und großen Unternehmen durchgeführt.

Hypothese (6)

* Methoden zur Wissensidentifikation werden häufiger von Unternehmen aus dem Sektor 4 durchgeführt.

Untersucht wurden fünf Methoden aus der Kernaktivität Wissen identifizieren. Diese sind:

* Wissenslandkarte
* Kundenfeedback
* Lieferantenfeedback
* Expertenverzeichnis
* Identifikation von Best Practice

Die Zahlen der %-Spalte stellen dar, von wie vielen Unternehmen der einzelnen Kategorien durchschnittlich die Methoden angewendet werden. Die Spalte mit der Überschrift Intensität stellt die durchschnittliche Intensität der Durchführung der Methoden dieser Kernaktivität dar.

Tabelle 18: *Durchführung und Intensität der Durchführung der Wissensmanagementkernaktivität Wissen identifizieren*

Wissen identifizieren	%	Intensität
Kleinstunternehmen	61,00%	2,51
Kleine Unternehmen	68,00%	2,53
Mittlere Unternehmen	73,00%	2,37
Große Unternehmen	76,00%	2,30
Sektor 1	0,00%	0,00
Sektor 2	73,80%	2,19
Sektor 3	63,80%	2,06
Sektor 4	73,00%	2,28

Bezogen auf die Unternehmensgröße ist ein Trend erkennbar. Bei nur geringfügig unterschiedlicher Intensität, steigt die prozentuale Anzahl der Unternehmen die Methoden der Wissensidentifikation betreiben mit der Größe der Unternehmen an. Wie erkennbar ist, ist in Sektor 2 die Anzahl der Unternehmen, die Wissensidentifikationsmethoden durchführen, geringfügig höher als die der anderen Sektoren. Lediglich die Intensität in Sektor 4 ist höher. Damit wird folgend die Hypothese (4) bestätigt.

- Es besteht ein schwacher Einfluss der Unternehmensgröße und der Branche auf die Durchführung der Methoden der Wissensidentifikation. Dieses bewirkt einen unterschiedlich häufigen Einsatz und eine unterschiedlich starke Intensität der Kernaktivität Wissen identifizieren.

Die Überprüfung der folgenden Hypothesen lässt erkennen, dass der Einfluss der Branche und der Unternehmensgröße auf die Wissensidentifikation auch aus nicht geahnten Gründen existieren kann. Dementsprechend, kann Hypothese (6) nicht bestätigt werden:

Hypothese (6)

- Methoden zur Wissensidentifikation werden häufiger von Unternehmen aus dem Sektor 4 durchgeführt.

Bestätigt werden kann hingegen

Hypothese (5):

- Methoden zur Wissensidentifikation werden häufiger von mittleren und großen Unternehmen durchgeführt.

Die Ergebnisse im Detail

In allen Kategorien gaben die meisten Unternehmen an, Wissensidentifikation über Kundenfeedbacks zu betreiben. 93,06% aller Teilnehmer gaben an, dass Kundenfeedbacks in ihrem Unternehmen durchgeführt werden.

Eindeutig waren auch die Werte in Bezug auf die seltenste durchgeführte Wissensidentifikationsmethode. Die Wissenslandkarte wird durchschnittlich lediglich von 35,59% der Unternehmen aller Kategorien durchgeführt.

Die Ergebnisse auf einen Blick:

Tabelle 19: *Durchführung und Intensität der Methoden der Kernaktivität Wissen identifizieren, Teil 1*

	Identifikation Best Practice		Wissens-Landkarte		Kunden-feedback	
	%	Intensität	%	Intensität	%	Intensität
Kleinst	70,73	2,83	26,83	2,55	80,49	2,70
Klein	81,48	2,59	29,63	3,13	88,89	2,50
Mittlere	81,82	2,33	36,36	1,75	100,00	2,64
Große	82,76	2,63	55,17	1,75	96,55	2,82
Sektor 2	76,92	1,80	38,46	2,20	100,00	2,69
Sektor 3	71,43	2,00	23,81	1,60	95,24	2,60
Sektor 4	86,11	2,89	45,83	2,27	90,28	2,17
Arith. Mittel	78,75	2,44	36,59	2,18	93,06	2,59

Tabelle 20: *Durchführung und Intensität der Methoden der Kernaktivität Wissen identifizieren, Teil 2*

	Lieferanten-feedback		Experten-verzeichnis	
	%	Intensität	%	Intensität
Kleinst	53,66	2,09	73,17	2,37
Klein	62,96	1,88	77,78	2,57
Mittlere	63,64	2,57	81,82	2,56
Große	75,86	2,18	72,41	2,14
Sektor 2	84,62	2,27	69,23	2,00
Sektor 3	80,95	2,18	47,62	1,90
Sektor 4	56,94	1,54	86,11	2,53
Arith. Mittel	68,38	2,10	72,59	2,30

8.4.2 Hypothesen zu der Kernaktivität Wissen erzeugen

Hypothese (7)

- Es besteht ein schwacher Einfluss der Branche und Unternehmensgröße auf die Durchführung der Methoden der Wissenserzeugung. Dieses bewirkt einen unterschiedlich häufigen Einsatz und eine unterschiedlich starke Intensität der Kernaktivität Wissen erzeugen.

Hypothese (8)

- Wissenserzeugung wird in Unternehmen aller Größen durchgeführt. Die Methoden der Kernaktivität Wissen erzeugen werden häufiger und intensiver in großen Unternehmen durchgeführt.

Hypothese (9)

- Wissenserzeugung wird in Unternehmen jedes Sektors durchgeführt. Die Methoden der Kernaktivität Wissen erzeugen, werden häufiger und intensiver in Unternehmen des Sektors 4 durchgeführt.

Untersucht wurden 12 Methoden der Kernaktivität Wissen erzeugen. Diese sind:

- Berichterstellung nach Projekten
- Berichterstellung während Projekten
- Berichterstellung bei persönlichem Interesse
- Personalentwicklungsprozesse
- Kooperation mit Hochschulen
- Kooperation mit Kunden
- Kooperation mit Lieferanten
- Kooperation mit der Konkurrenz
- Recruiting
- M&A-Aktivitäten
- Competitive Intelligence
- Lessons Learned

Die Zahlen der %-Spalte stellen dar, von wie vielen Unternehmen der einzelnen Kategorien durchschnittlich die Methoden angewendet werden. Die Spalte mit der Überschrift Intensität stellt die durchschnittliche Intensität der Durchführung der Methoden dieser Kernaktivität dar.

Tabelle 21:   Durchführung und Intensität der Durchführung der Wissensmanagementkernaktivität Wissen erzeugen

Wissen erzeugen	%	Intensität
Kleinstunternehmen	72,60%	2,23
Kleine Unternehmen	72,50%	2,11
Mittlere Unternehmen	84,10%	2,60
Große Unternehmen	88,20%	2,49
Sektor 1	0,00%	0,00
Sektor 2	75,60%	2,03
Sektor 3	65,10%	2,24
Sektor 4	76,90%	2,31

Erkennbar ist, dass die Unterschiede relativ gering sind und der Einfluss somit als schwach einzustufen ist. Dies bestätigt die

Hypothese (7):

- Es besteht ein Einfluss der Branche und Unternehmensgröße auf die Durchführung der Methoden der Wissenserzeugung. Dieses bewirkt einen unterschiedlich häufigen Einsatz und eine unterschiedlich starke Intensität der Kernaktivität Wissen erzeugen.

Zum Teil entspricht die Verteilung der Häufigkeit den Annahmen, die den Hypothesen zugrunde liegen. Hypothese (8) kann ebenfalls als bestätigt betrachtet werden:

Hypothese (8)

* Wissenserzeugung wird in Unternehmen aller Größen durchgeführt. Die Methoden der Kernaktivität Wissen erzeugen werden häufiger und intensiver in großen Unternehmen durchgeführt.

Auch wenn wiederum die Differenz der Ergebnisse gering ist, ist kann Hypothese (9) durch dieses Ergebnis bestätigt werden.

Hypothese (9)

* Wissenserzeugung wird in Unternehmen jedes Sektors durchgeführt. Die Methoden der Kernaktivität Wissen erzeugen, werden häufiger und intensiver in Unternehmen des Sektors 4 durchgeführt.

Die Ergebnisse im Detail

Es lassen sich auch in den Ergebnissen dieser Kernaktivität erkennen, dass es Kategorie-übergreifende Gemeinsamkeiten gibt. So generieren viele Unternehmen unabhängig von ihrer Kategorie Wissen über Projektberichterstattung. M&A-Aktivitäten und Competitive Intelligence werden generell selten zur Wissensgenerierung verwendet. Ebenfalls häufig finden Kooperationen mit Kunden und Lieferanten Einsatz in dieser Kernaktivität.

Tabelle 22:   *Durchführung und Intensität der Methoden der Kernaktivität Wissen erzeugen, Teil 1*

	Berichterstellung nach Projekten		Berichterstellung während Projekten		Berichterstellung bei persönlichem Interesse	
	%	Intensität	%	Intensität	%	Intensität
Kleinst	82,93	2,79	87,80	2,64	80,49	2,15
Klein	92,59	2,84	88,89	2,58	81,48	2,32
Mittlere	100,00	3,00	90,91	2,70	90,91	2,20
Große	93,10	2,70	86,21	2,80	86,21	2,44
Sektor 2	92,31	2,33	84,62	2,18	84,62	2,00
Sektor 3	85,71	3,06	85,71	2,94	80,95	2,29
Sektor 4	91,67	2,82	91,67	2,68	86,11	2,34
Arith. Mittel	91,19	2,79	87,97	2,65	84,39	2,25

Tabelle 23:   *Durchführung und Intensität der Methoden der Kernaktivität Wissen erzeugen, Teil 2*

	Personalentwick-lungsprozesse		Koop. mit Hochschulen		Koop. mit Kunden	
	%	**Intensität**	**%**	**Intensität**	**%**	**Intensität**
Kleinst	73,17	2,17	58,54	2,46	90,24	2,76
Klein	92,59	2,04	70,37	2,21	88,89	2,50
Mittlere	90,91	2,30	90,91	3,00	81,82	2,33
Große	75,86	1,86	93,10	2,70	79,31	2,13
Sektor 2	76,92	2,10	69,23	1,89	92,31	2,75
Sektor 3	85,71	2,28	57,14	1,75	80,95	2,71
Sektor 4	87,50	2,48	76,39	2,40	93,06	2,60
Arith. Mittel	83,24	2,17	73,67	2,34	86,65	2,54

Tabelle 24:   *Durchführung und Intensität der Methoden der Kernaktivität Wissen erzeugen, Teil 3*

	Koop. mit Lieferanten		Koop. mit der Konkurrenz		Recruiting	
	%	**Intensität**	**%**	**Intensität**	**%**	**Intensität**
Kleinst	75,61	2,00	80,49	1,82	36,59	1,80
Klein	74,07	1,85	66,67	1,67	55,56	1,87
Mittlere	100,00	2,18	100,00	2,73	81,82	2,33
Große	79,31	2,09	86,21	2,56	75,86	1,68
Sektor 2	100,00	2,15	61,54	1,38	53,85	1,71
Sektor 3	80,95	2,29	71,43	1,87	61,90	2,08
Sektor 4	72,22	1,96	79,17	1,82	58,33	2,24
Arith. Mittel	83,17	2,08	77,93	1,98	60,56	1,96

Tabelle 25:   *Durchführung und Intensität der Methoden der Kernaktivität Wissen erzeugen, Teil 4*

	M&A		Competitive Intelligence		Lessons Learned	
	%	**Intensität**	**%**	**Intensität**	**%**	**Intensität**
Kleinst	24,39	1,60	56,10	1,87	70,73	2,66
Klein	40,74	1,82	48,15	1,54	70,37	2,05
Mittlere	90,91	2,70	54,55	1,50	54,55	2,17
Große	79,31	2,17	65,52	2,21	68,97	2,30
Sektor 2	53,85	2,14	69,23	1,78	69,23	1,89
Sektor 3	52,38	1,73	33,33	1,86	57,14	2,00
Sektor 4	38,89	1,89	65,28	1,96	81,94	2,51
Arith. Mittel	54,35	2,01	56,02	1,82	67,56	2,22

8.4.3 Hypothesen zu der Kernaktivität Wissen speichern

Hypothese (10)

- Es besteht ein starker Einfluss der Unternehmensgröße und der Branche auf die Durchführung der Methoden der Wissensspeicherung. Dieses bewirkt einen unterschiedlich häufigen Einsatz und eine unterschiedlich starke Intensität der Kernaktivität Wissen speichern.

Hypothese (11)

- Wissensspeicherung wird in großen Unternehmen mit größerem Aufwand, also auch mit höherer Intensität betrieben.

Hypothese (12)

- Wissensspeicherung wird in den Sektoren 3 und 4 mit größerem Aufwand, also auch mit höherer Intensität betrieben.

Untersucht wurden sieben Methoden der Kernaktivität Wissen erzeugen. Diese sind:

- Dokumenten-Management-Systeme
- Festplatte
- Emailaccount
- Wikis
- Ruhestandsregelung
- Prozessdokumentation
- Kollektive Begriffsbestimmungen

Die Zahlen der %-Spalte stellen dar, von wie vielen Unternehmen der einzelnen Kategorien durchschnittlich die Methoden angewendet werden. Die Spalte mit der Überschrift Intensität stellt die durchschnittliche Intensität der Durchführung der Methoden dieser Kernaktivität dar.

Tabelle 26:   *Durchführung und Intensität der Durchführung der Kernaktivität Wissen speichern*

Wissen speichern	%	Intensität
Kleinst Unternehmen	70,00%	2,60
Kleine Unternehmen	75,70%	2,36
Mittlere Unternehmen	92,20%	2,52
Große Unternehmen	92,00%	2,40
Sektor 1	0,00%	0,00
Sektor 2	87,90%	2,31
Sektor 3	81,60%	2,36
Sektor 4	78,60%	2,56

Auffällig an diesen Ergebnissen ist die relativ große Differenz bei der Anzahl der Anwendungen in den Größenkategorien. Mit 22,20% Differenz zwischen den kleinst und mittleren Unternehmen wird ein deutlicher Unterschied erkennbar. Erstaunlich ist hingegen, dass in den Kategorien der Sektoren der Sektor 4 mit 78,60% den niedrigsten Wert erzielt.

Insgesamt lässt sich Hypothese (10) nur bedingt bestätigen:

- Es besteht ein starker Einfluss der Unternehmensgröße und der Branche auf die Durchführung der Methoden der Wissensspeicherung. Dieses bewirkt einen unterschiedlich häufigen Einsatz und eine unterschiedlich starke Intensität der Kernaktivität Wissen speichern.

Der Einfluss der Unternehmensgröße ist eindeutig erkennbar. Anders verhält es sich mit dem Einfluss der Branche. Die Differenz zwischen höchstem und niedrigstem Wert beträgt lediglich 10,30%. Dies bestätigt die Hypothese von einem starken Einfluss nicht.

Auch erkennbar ist, dass zwischen mittleren und großen Unternehmen in Bezug auf die Wissensspeicherung kein nennenswerter Unterschied besteht. In beiden Kategorien führen verhältnismäßig gleich viele Unternehmen Methoden der Wissensspeicherung mit geringfügig unterschiedlicher Intensität durch. Auch wenn der Intensitätswert bei den Kleinstunternehmen geringfügig höher ist, so kann folgende Hypothese bestätigt werden:

Hypothese (11)

- Wissensspeicherung wird in großen Unternehmen mit größerem Aufwand, also auch mit höherer Intensität betrieben.

Auch wenn, wie bereits angesprochen die Streuung der Werte in der %-Spalte bei den Kategorien eine nur geringe Differenz aufweist, so ist eindeutig, dass die Methoden der Wissensspeicherung häufiger von den Unternehmen des Sektors 2 angewendet werden, als von den Unternehmen der Sektoren 3 und 4. Die folgende Hypothese lässt sich nicht bestätigen.

Hypothese (12)

- Wissensspeicherung wird in den Sektoren 3 und 4 mit größerem Aufwand betrieben, also mit höherer Intensität betrieben.

Die Ergebnisse im Detail

Tabelle 27:   *Durchführung und Intensität der Methoden der Kernaktivität Wissen speichern, Teil 1*

	Dokumenten-Management-Systeme		Wikis		Fest-platte		Email-account	
	%	Intensität	%	Intensität	%	Intensität	%	Intensität
Kleinst	78,05	2,78	48,78	2,15	90,24	3,05	78,05	2,72
Klein	66,67	2,67	55,56	2,87	88,89	3,13	92,59	2,40
Mittlere	63,64	2,00	90,91	1,70	100,00	3,09	100,00	3,36
Große	89,66	2,19	68,97	2,05	89,66	3,00	93,10	2,56
Sektor 2	92,31	2,75	30,77	1,50	100,00	3,08	100,00	2,77
Sektor 3	76,19	2,81	28,57	0,67	85,71	2,94	90,48	2,68
Sektor 4	81,94	2,90	61,11	2,45	93,06	2,97	87,50	2,51
Arith. Mittel	78,35	2,59	54,95	1,91	92,51	3,04	91,67	2,71

Tabelle 28:   *Durchführung und Intensität der Methoden der Kernaktivität Wissen speichern, Teil 2*

	Ruhestandsregelung (Rahmen-/Berater-verträge mit pensionier-ten Mitarbeitern)		Prozess-dokumenta-tion		Kollektive Begriffs-bestimmung	
	%	Intensität	%	Intensität	%	Intensität
Kleinst	26,83	2,09	82,93	2,50	70,73	2,66
Klein	37,04	1,90	88,89	2,29	77,78	1,90
Mittlere	100,00	2,91	81,82	1,89	100,00	2,82
Große	96,55	2,36	96,55	2,18	96,55	2,82
Sektor 2	69,23	1,33	84,62	2,73	84,62	1,91
Sektor 3	71,43	1,80	90,48	2,68	85,71	1,83
Sektor 4	38,89	2,14	90,28	2,58	79,17	2,39
Arith. Mittel	62,85	2,08	87,94	2,41	84,94	2,33

8.4.4   Hypothesen zu der Kernaktivität Wissen teilen

Hypothese (13)

- Es besteht ein starker Einfluss der Branche und der Unternehmensgröße auf die Durchführung der Methoden der Wissensteilung. Dieses bewirkt einen unterschiedlich häufigen Einsatz und eine unterschiedlich starke Intensität der Kernaktivität Wissen teilen.

Hypothese (14)

- Wissensteilung wird intensiver in Unternehmen des Sektors 4 betrieben. Einzige Ausnahme bildet die Methode Jobrotation, die häufiger in den Sektoren 1 bis 3 eingesetzt wird.

Hypothese (15)

- Wissensteilung wird intensiver in großen Unternehmen betrieben.

Untersucht wurden sechs Methoden aus der Kernaktivität Wissen teilen. Diese sind:

- Groupware
- Newsletter
- Intranet
- Communities of Practice
- Jobrotation
- Meister-Schüler-Beziehungen

Die Zahlen der %-Spalte stellen dar, von wie vielen Unternehmen der einzelnen Kategorien durchschnittlich die Methoden angewendet werden. Die Spalte mit der Überschrift Intensität stellt die durchschnittliche Intensität der Durchführung der Methoden dieser Kernaktivität dar.

Tabelle 29:   *Durchführung und Intensität der Durchführung der Kernaktivität Wissen teilen*

Wissen teilen	%	Intensität
Kleinst Unternehmen	57,00%	2,30
Kleine Unternehmen	64,00%	2,48
Mittlere Unternehmen	83,10%	2,20
Große Unternehmen	77,80%	2,49
Sektor 1	0,00%	0,00
Sektor 2	63,70%	2,09
Sektor 3	58,50%	1,99
Sektor 4	71,80%	2,49

Wie auch in den Kapiteln zuvor, liegen die Werte in der %-Spalte bei den Größenkategorien weiter auseinander als die der Sektoren. Trotz dessen sind eindeutige Unterschiede zwischen beiden Kategorien erkennbar. Dieses bestätigt folgende Hypothese:

Hypothese (13)

- Es besteht ein starker Einfluss der Branche und der Unternehmensgröße mit unterschiedlichen starken Auswirkungen auf die Durchführung der Methoden der Wissensteilung. Dieses bewirkt einen unterschiedlich häufigen Einsatz und eine unterschiedlich starke Intensität der Kernaktivität Wissen teilen.

Herauszuheben ist das mittlere Unternehmen häufiger Methoden der Wissenteilung durchführen als große Unternehmen. Daher kann folgende Hypothese nicht als bestätigt erachtet werden:

Hypothese (15)

• Wissensteilung wird intensiver in großen Unternehmen betrieben.

Bezogen auf die Kategorien der Sektoren ist eindeutig, dass Unternehmen des Sektors 4 häufiger Methoden der Wissensteilung durchführen und dieses auch mit höherer Intensität.

Damit lässt sich folgende Hypothese bestätigen:

Hypothese (14)

• Wissensteilung wird intensiver und häufiger in Unternehmen des Sektors 4 betrieben.

Die Ergebnisse im Detail

Tabelle 30:   Durchführung und Intensität der Methoden der Kernaktivität Wissen teilen, Teil 1

	Groupware		Newsletter		Intranet	
	%	Intensität	%	Intensität	%	Intensität
Kleinst	56,10	2,83	53,66	2,36	60,98	2,84
Kleine	66,67	2,56	62,96	2,53	62,96	2,29
Mittlere	90,91	1,70	72,73	2,00	90,91	1,90
Große	86,21	2,24	82,76	2,50	93,10	2,93
Sektor 2	61,54	1,88	61,54	2,75	69,23	1,56
Sektor 3	47,62	2,10	61,90	2,77	66,67	1,71
Sektor 4	76,39	2,75	75,00	2,52	84,72	2,98
Arith. Mittel	69,35	2,29	67,22	2,49	75,51	2,32

Tabelle 31:   Durchführung und Intensität der Methoden der Kernaktivität Wissen teilen, Teil 2

	Job-rotaion		Meister-Schüler-Beziehungen		Communities of Practice		Best Practice Transfer	
	%	Intensität	%	Intensität	%	Intensität	%	Intensität
Kleinst	53,66	1,73	58,54	2,17	65,85	2,19	63,41	2,46
Klein	55,56	1,73	62,96	2,47	81,48	2,91	77,78	2,14
Mittlere	90,91	3,30	90,91	1,80	90,91	2,60	72,73	1,75
Große	96,55	3,32	89,66	2,12	72,41	2,19	82,76	1,88
Sektor 2	69,23	1,67	76,92	2,10	76,92	3,20	84,62	1,64
Sektor 3	57,14	1,58	76,19	1,88	71,43	3,20	71,43	1,73
Sektor 4	62,50	2,04	68,06	2,33	75,00	2,39	79,17	2,46
Arith. Mittel	69,36	2,20	74,75	2,12	76,29	2,67	75,98	2,01

8.4.5   Hypothesen zu Wissenscontrolling

Hypothese (16)

- Es besteht ein starker Einfluss der Branche auf die Durchführung der Methoden des Wissenscontrollings. Dieses bewirkt einen unterschiedlich häufigen Einsatz und eine unterschiedlich starke Intensität der Kernaktivität Wissenscontrolling.

Hypothese (17)

- Es besteht kein Einfluss der Unternehmensgröße auf die Durchführung der Methoden des Wissenscontrollings. Dieses bewirkt keinen unterschiedlich häufigen Einsatz und eine unterschiedlich starke Intensität der Kernaktivität Wissen erzeugen.

Hypothese (18)

- Wissenscontrolling wird intensiver in Unternehmen des Sektors 4 betrieben.

Hypothese (19)

- Wissenscontrolling wird gleich häufig und gleich intensiv in Unternehmen aller Größenordnungen betrieben.

Untersucht wurden zwei Methoden aus der Kernaktivität Wissenscontrolling. Diese sind:

- Balanced Scorecard (BSC)
- Wissensbilanz

Die Zahlen der %-Spalte stellen dar, von wie vielen Unternehmen der einzelnen Kategorien durchschnittlich die Methoden angewendet werden. Die Spalte mit der Überschrift Intensität stellt die durchschnittliche Intensität der Durchführung der Methoden dieser Kernaktivität dar.

Tabelle 32:   Durchführung und Intensität der Durchführung der Kernaktivität Wissenscontrolling

Wissenscontrolling	%	Intensität
Kleinst Unternehmen	28,00%	2,30
Kleine Unternehmen	31,00%	1,70
Mittlere Unternehmen	40,90%	1,92
Große Unternehmen	41,40%	2,33
Sektor 1	0,00%	
Sektor 2	35,90%	2,25
Sektor 3	23,80%	1,81
Sektor 4	30,60%	2,05

Insgesamt ist auffällig, dass die Methoden dieser Kernaktivität und damit die Kernaktivität selbst in allen Kategorien seltener durchgeführt werden, als alle anderen Wissensmanagementkernaktivitäten.

In beiden Kategoriefeldern (Sektoren und Größen) liegt der Wert der Differenz zwischen dem höchsten und niedrigsten Wert bei ca. 13 %. Dies bedeutet, dass auch hier die Unterschiede gering ausfallen. Trotzdem kann man eine typische Verteilung erkennen. Es besteht also offensichtlich ein Einfluss der Faktoren Branche und Unternehmensgröße auf die Durchführung der Methoden. Damit ist zunächst folgende Hypothese nicht bestätigt:

Hypothese (17)

- Es besteht kein Einfluss der Unternehmensgröße auf die Durchführung der Methoden des Wissenscontrollings.

Auch die nun folgende Hypothese kann nicht vollständig bestätigt werden, da hier nicht von einem starken Einfluss gesprochen werden kann. Aufgrund der geringen Spannweite der Werte ist der Einfluss eher als gering einzustufen.

Hypothese (16)

Es besteht ein starker Einfluss der Branche auf die Durchführung der Methoden des Wissenscontrollings. Dieses bewirkt einen unterschiedlich häufigen Einsatz und eine unterschiedlich starke Intensität der Kernaktivität Wissenscontrolling.

Nicht bestätigt wird die folgende Hypothese:

Hypothese (18)

- Wissenscontrolling wird intensiver in Unternehmen des Sektors 4 betrieben.

Aus den Ergebnissen wird deutlich, dass die Wissenscontrollingmethoden häufiger und intensiver in den Unternehmen des Sektors 2 durchgeführt werden.

Ebenfalls nicht bestätigt werden, kann folgende Hypothese:

Hypothese (19)

- Wissenscontrolling wird gleich häufig und gleich intensiv in Unternehmen aller Größenordnungen betrieben.

Die Ergebnisse zeigen ein eindeutiges Ansteigen der Werte synchron zu der Größe der Unternehmen.

Die Ergebnisse im Detail

Tabelle 33:   Durchführung und Intensität der Methoden der Kernaktivität Wissenscontrolling

	Wissensbilanz		Balanced Scorecard (BSC)	
	%	Intensität	%	Intensität
Kleinst	39,02	2,13	31,71	1,92
Klein	25,93	1,86	37,04	1,60
Mittlere	54,55	2,17	54,55	1,17
Große	44,83	2,23	41,38	2,17
Sektor 2	53,85	1,86	38,46	2,40
Sektor 3	33,33	2,29	33,33	2,14
Sektor 4	38,89	1,93	37,50	1,96
Arithm. Mittel	41,48	2,06	39,14	1,91

Abschließend soll noch die zuletzt formulierte Hypothese untersucht werden.

Hypothese (20)

- Es besteht ein Einfluss der Unternehmensgröße und Branche auf die Auswahl und den Einsatz von Wissensmanagementkernaktivitäten.

Es stellte sich dar, dass alle Kategorien (also die Unternehmen der Kategorien) unterschiedlich häufig und unterschiedlich intensiv Methoden der jeweiligen Kernaktivitäten einsetzten. Dies lässt zunächst vermuten, dass die Einflussfaktoren Unternehmensgröße und Branche (hier durch die Sektoren repräsentiert) nach denen die Kategorien eingeteilt wurden, tatsächlich Einfluss auf die Auswahl und Intensität der Durchführung der Wissensmanagementkernaktivitäten nehmen könnten. Da nun nach der Erhebung folgende Trends erkennbar sind, kann die Hypothese (20) als bestätigt erachtet werden.

Trends:

- von 5 Wissensmanagementkernaktivitäten werden am häufigsten von großen Unternehmen durchgeführt.
- Alle Wissensmanagementkernaktivitäten werden am häufigsten von Unternehmen aus den Sektoren 2 und 4 durchgeführt.

8.5   Zusammenfassung

Zum Abschluss der Untersuchung werden die Hypothesen tabellarisch aufgeführt. Dies soll einen Überblick über die Ergebnisse geben. Weiter werden die Ergebnisse und insbesondere Auffälligkeiten in den Ergebnissen diskutiert.

Tabelle 34:   *Hypothesen im Überblick*
Organisiertes Durchführen von Wissensmanagement

Hypothesen	Bestätigt	
	Ja	Nein
(1) Die Gründe für Unternehmen Wissensmanagement zu implementieren, werden von der Unternehmensgröße und Branche beeinflusst.		1
(2) Das organisierte Durchführen von Wissensmanagement ist branchenabhängig.		1
(3) Das organisierte Durchführen von Wissensmanagement ist abhängig von der Unternehmensgröße.	1	
Wissen identifizieren		
(4) Es besteht ein schwacher Einfluss der Branche und der Unternehmensgröße auf die Durchführung der Methoden der Wissensidentifikation. Dieses bewirkt einen unterschiedlich häufigen Einsatz und eine unterschiedlich starke Intensität der Kernaktivität Wissen identifizieren.	1	
(5) Methoden zur Wissensidentifikation werden häufiger von mittleren und großen Unternehmen durchgeführt.	1	
(6) Methoden zur Wissensidentifikation werden häufiger von Unternehmen aus dem Sektor 4 durchgeführt.		1
Wissen erzeugen		
(7) Es besteht ein schwacher Einfluss der Branche und Unternehmensgröße auf die Durchführung der Methoden der Wissenserzeugung. Dieses bewirkt einen unterschiedlich häufigen Einsatz und eine unterschiedlich starke Intensität der Kernaktivität Wissen erzeugen.	1	
(8) Wissenserzeugung wird in Unternehmen aller Größen durchgeführt. Die Intensität ist in großen Unternehmen höher.	1	
(9) Wissenserzeugung wird in Unternehmen jedes Sektors durchgeführt. Die Intensität in Unternehmen in den Sektoren 3 und 4 ist höher.	1	
Wissen speichern		
(10) Es besteht ein starker Einfluss der Unternehmensgröße und der Branche auf die Durchführung der Methoden der Wissensspeicherung.	1	
(11) Wissensspeicherung wird in großen Unternehmen mit größerem Aufwand, also mit höherer Intensität betrieben.	1	
(12) Wissensspeicherung wird in den Sektoren 3 und 4 mit größerem Aufwand betrieben, also mit höherer Intensität betrieben.		1
Wissen teilen		
(13) Es besteht ein starker Einfluss der Branche und der Unternehmensgröße auf die Durchführung der Methoden der Wissensteilung.	1	
(14) Wissensteilung wird intensiver in Unternehmen des Sektors 4 betrieben.	1	
(15) Wissensteilung wird intensiver in mittleren und großen Unternehmen betrieben.		1
Wissenscontrolling		
(16) Es besteht kein Einfluss der Unternehmensgröße auf die Durchführung der Methoden des Wissenscontrollings.		1
(17) Es besteht ein starker Einfluss der Branche auf die Durchführung der Methoden des Wissenscontrollings. Dieses bewirkt einen unterschiedlich häufigen Einsatz und eine unterschiedlich starke Intensität der Kernaktivität Wissenscontrolling.		1
(18) Wissenscontrolling wird intensiver in Unternehmen des Sektors 4 betrieben.		1
(19) Wissenscontrolling wird gleich häufig und gleich intensiv in Unternehmen aller Größenordnungen betrieben.		1
(20) Es besteht ein Einfluss der Unternehmensgröße und Branche auf die Auswahl und den Einsatz von Wissensmanagementkernaktivitäten.	1	

Zunächst wird auf die Unterscheidung zwischen organisierter und nicht organisierter Durchführung von Wissensmanagement hingewiesen. Beide Formen können durchaus identische Methoden beinhalten. Ausschlaggebend ist lediglich mit welcher Zielssetzung und mit welcher internen Namensgebung die Methoden dargestellt und eingesetzt werden. Es ist also möglich, dass ein Unternehmen Wissensmanagementmethoden betreibt und dies unter dem Namen Prozessmanagement oder Customer-Relationship-Management und mit den dafür typischen Zielsetzungen tut. Wissensorientierung muss also nicht immer auch den passenden Namen tragen. Trotz dessen wurde in der Befragung Eingangs die Frage gestellt, ob Wissensmanagement organisiert durchgeführt wird. Durch die Beantwortung dieser Frage ist erkennbar, wie weit ein Bewusstsein für diese Thema unter den Befragten besteht und in wie weit die Relevanz der Ressource Wissen unter den Befragten erkannt wurde. Da über 50 % der Befragten diese Frage bejahten, kann davon ausgegangen werden, dass der Ressource Wissen und dem Thema Wissensmanagement eine große Relevanz zugesprochen wird. Interessant ist zudem, dass keins der befragten Unternehmen ohne die Wissensmanagementmethoden in ihrem Unternehmen auskommt. Jedes der befragten Unternehmen betreibt eine Vielzahl der zur Auswahl stehenden Methoden.

Ob nun eine gesonderte Betrachtung des Wissens in einem Unternehmen erfolgversprechender ist als die nicht organisierte Form des Wissensmanagement, ist ungeklärt.

Klar ist hingegen, dass auch bei den Unternehmen die Wissensmanagement organisiert durchführen, die Branche Einfluss auf Durchführung von Wissensmanagementkernaktivitäten hat. Hier zeichnet sich im Vergleich zu den anderen Untersuchungen die alle Teilnehmer betreffen, dasselbe Muster ab. Organisiertes Wissensmanagement wird häufiger in Unternehmen der Sektoren 2 und 4 betrieben.

Die Unternehmensgröße scheint in dieser Hinsicht zumindest kein starker Einflussfaktor zu sein. Nahezu jedes zweite Unternehmen jeder Größenkategorie betreibt organisiert Wissensmanagement.

Die Gründe für das Betreiben von Wissensmanagement

Anhand der Gründe für das Betreiben von Wissensmanagement lässt sich kein Einfluss einer der beiden Faktoren erkennen. Fast alle Unternehmen geben mehrere Gründe für das Betreiben von organisiertem Wissensmanagement an und kategorieübergreifend ist der Grund *Wissensmanagement wird als Innovationsgrundlage gesehen* am häufigsten genannt.

Die Kernaktivitäten

Obwohl die Ergebniswerte der Umfrage sehr häufig eng bei einander lagen, können generelle Aussagen über Einflüsse der Faktoren Branche und Unternehmensgröße gemacht werden.

Es ist eindeutig ein Zusammenhang zwischen der Unternehmensgröße und der Häufigkeit der Durchführung von Wissensmanagementaktivitäten vorhanden. In allen Kernaktivitäten stieg die Anzahl der durchgeführten Wissensmanagementmethoden pro Kategorie mit der Unternehmensgröße an. D.h. je größer das Unternehmen, desto mehr Wissensmanagementmethoden werden durchgeführt. Die Intensität war in fast allen Fällen ähnlich hoch. Nur in Ausnahmefällen wurden Wissensmanagementmethoden wenig intensiv durchgeführt.

Auch die Branche in Form der hier abgefragten Sektoren stellt einen Einflussfaktor dar. Auch wenn anders als erwartet, zeichnet sich über alle Wissensmanagementkernaktivitäten hinweg ein Muster ab. Während leider für den Sektor 1 zu wenige auswertbare Ergebnisse vorliegen, können für die Sektoren 2 bis 4 folgende Aussagen getroffen werden: In Sektor 3 wird seltener und weniger intensiv Wissensmanagement betrieben, als in Sektor 2 und 4. Wissensmanagement wird in den Sektoren 2 und 4 mit ähnlichem Umfang und ähnlicher Intensität betrieben.

Wissen und Wettbewerbsvorteile realisieren und messen

Im Zeitalter der Informations- oder Wissensgesellschaft nimmt Wissen in Unternehmen einen wesentlichen Platz als Produktionsfaktor ein. Nicht zuletzt anhand der rasant fortschreitenden Technologisierung ist der Zuwachs des Wissens weltweit nachvollziehbar. Durch den Anstieg der Informationsmenge und die deutlich verbesserten Verbreitungsmöglichkeiten via Internet, leiden viele Unternehmen unter der Informationsflut. Um dem Wettbewerb standhalten zu können, ist es für Unternehmen unumgänglich mit aktuellen und für den Unternehmenserfolg wesentlichen Informationen versorgt zu werden und mit Ihren Mitarbeitern über einen möglichst aktuellen Wissensstand zu verfügen. Das ist keine neue Erkenntnis und die Wirtschaftswissenschaft ist sich darüber einig, jedoch ist für viele Unternehmen, besonders im Mittelstand schwer kalkulierbar in welchem Maße eine Investition in Wissen oder Information sich wie stark auszahlt und ob sie einen messbaren Mehrwert und Wettbewerbsvorteil darstellen kann.

Während eine Maschine bereits mit Beginn der Inbetriebnahme einen messbaren Output erbringt, ist die Wertschöpfung durch Intangible Assets wie dem Faktor Wissen nicht sofort feststellbar. Dies gilt für fast alle Formen der Investitionen in Wissenskapital, sowohl infrastrukturelle als auch individuelle. Grundsätzlich entspricht das der Problematik der Wissensmessung oder -bewertung. Kennzahlen wie der ROI (Return on Investment) oder gar der ROK (Return on Knowledge) werden unter schwierigsten Umständen kalkuliert[379] und sind für die Endscheider von wesentlicher Bedeutung. In wie weit erfassen aber monetäre Kennzahlen die tatsächliche den Wert des Wissens, die Wertschöpfung des Inputs Wissen und den Wettbewerbsvorteil durch Wissen?

Ansätze und Methoden zur Wissensmessung und -bewertung

Entscheidend ist zunächst der Zweck der Bewertung von Wissen. Beispielsweise ist ein monetärer Wert überhaupt notwendig oder nicht. Bei Unternehmensfusionen, bei denen über die zu erwerbenden Werte von Unternehmensteilen verhandelt wird, sind monetäre Werte unumgänglich.

Bei einem Wissensmanagementansatz ist es wichtiger Werte zu generieren, aus denen sich Handlungsempfehlungen ableiten lassen und die sich nach Durchführung der Managementmaßnehmen mit neueren Werten vergleichen lassen um den Erfolg der Maßnamen kontrollieren zu können. Housel und Bell sprechen bei den Auswirkungsfaktoren von Wissen von „Knowledge Metrics"[380] und weisen darauf hin, dass herkömmliche Methoden aus dem Controlling oder aus dem Steuerrecht nicht ausreichen um den Wert von Wissen darzustellen. Dieses Problem der monetären Wissensbewertung und die Frage nach der Zweckhaftig-

---

[379] Vgl. Martin Kingsley, 2002 „Show me the money – Measuring the return on Knowledge Management".
[380] Housel, Bell, 2002 „Measuring and Managing Knowledge", S. 77 ff.

keit, sind in der Literatur oft diskutiert. Mertins, Alwert und Heisig listen in ihrem Buch „Wissensbilanzen" die bisher gängigen Methoden zur Wissensbilanzierung auf und unterscheiden auch zwischen Methoden, die der Ermittlung eines monetären Wertes dienen und solchen die nicht monetäre Indikatoren erzeugen.[381] Weiter werden auch Methoden vorgestellt, die Sowohl Indikatoren als auch monetäre Werte generieren. Die Messansätze lassen sich folglich in diese 3 Gruppen einteilen:

1. Monetäre Bewertungsansätze
2. Nicht-monetäre Bewertungsansätze
3. Kombinierte Bewertungsansätze

Monetäre Bewertungsansätze

Wie schon erwähnt, sind diese Ansätze besonders dann von Bedeutung, wenn auf Grund von Unternehmenszusammenschlüssen Unternehmensteile bepreist werden müssen. Wenn hierbei nicht explizit Abgrenzungen zwischen Wissenskapital und anderen immateriellen Werten vollzogen werden, ist die Zuordnung auf das Wissen gar nicht möglich. So umfasst die Marktwert-Buchwert-Relation im Prinzip alle durch die Rechnungslegung nicht erfassbaren Werte eines Unternehmens und bemisst diese Gesamtheit an der Differenz des Buchwertes zu dem Marktwert. Auf diese Art lässt sich schnell und unkompliziert ein monetärer Wert erheben, allerdings ist die Aussagekraft dieses Wertes sehr fragwürdig.

Detaillierter wird es, wenn man einzelne Werttreiber im Wissenskapital definiert und bewertet. Beispielsweise gibt es recht populäre Messverfahren zur Markenbewertung und für Patente. Auch Kundendaten lassen sich monetäre über Discounted Cash-Flow (DCF) Analysen bewerten. Schwierig wird es wieder bei der monetären Bewertung von Humankapital. Auch wenn es mehrere Ansätze gibt die Arbeitskraft von Mitarbeitern monetär zu bewerten, ist doch die Kritik an solchen Messansätzen hoch. Genannt werden sollten hier die Saarbrücker Formel[382] und der Wissensbilanzansatz von Seneca[383]. Hierbei ist problematisch das sehr schwer eruierbare Werte von Faktoren wie Motivation und Einstellung eines Mitarbeiters einen Hebel in der Berechnung des Wertes darstellen.

Vergleichbarer sind da Werte die anhand traditioneller Methoden über harte Faktoren generiert werden. Damit sind alle Methoden gemeint, die entweder einen marktpreisorientierten, einen kostenorientierten oder einen zu erwartenden ertragsorientierten Ansatz (DCF) fahren.

Beispiele:
Marktpreisorientiert:

– Marktwert-Buchwert-Relation
– Tobins q

Kostenorientiert:

– auf diese Weise arbeitet die deutsche Rechnungslegung
– Technology Broker
– Value Added Interllectual Coefficient

[381] Vgl. Mertins, Alwert, Heisig, 2005 „Wissensbilanzen", S. 26 ff.
[382] Vgl. www.saarbruecker-formel.net.
[383] Vgl. www.seneca24.de.

Ertragsorientiert (eine rein ertragsorientierte Methode ist mit der DCF Methode gleich zu setzen, die hier aufgeführten Ansätze benutzen sowohl Kosten als auch erwarteten Ertrag als Parameter):

– Calculated Intangible Value
– Intangible Scoreboard

Wie bei den etablierten Markenbewertungsverfahren gibt es somit große Abweichungen zwischen Werten die durch verschiedene Messverfahren erstellt werden. Die Aussagekraft bezogen auf die Qualität des Wissens, ist wie schon gesagt begrenzt und die generierten Werte können nur als Verhandlungsbasis in Merger & Acquisition Prozessen dienen.

Nicht-monetäre Bewertungsansätze

Wie es die Überschrift schon erahnen lässt, steht bei dieser Kategorie der Wissensbewertungsansätze nicht die Darstellung des Wissens in Form von Geldwerten an. Hierbei geht es darum Indikatoren zu schaffen, die Grundlage für interne Vergleiche, Bewertungen und Handlungsempfehlungen bilden. Je nach Ansatz kann sich das auch gegenseitig ausschließen. Indikatoren die numerische Werte generieren, müssen und sollen teilweise keine qualitative Bewertung liefern, sondern lediglich ein Anhaltspunkt für den Vergleich späterer Erhebungen sein. Um nun diesen Zwecken nachkommen zu können, ist es einleuchtend, dass Themenbereiche isoliert betrachtet werden. So erstaunt es nicht, dass alle nicht monetären Ansätze das Wissenskapital in verschiedene Kategorien unterteilen. Überwiegend erfolgt eine Kategorisierung in die drei Bereiche Humankapital, Strukturkapital und Beziehungskapital.[384] Unter diesen Kategorien werden weiter Einzelwerttreiber subsumiert, so dass es für die drei Bereiche jeweils einen Indikatorenkatalog gibt. Die Werte zu den einzelnen Indikatoren werden in internen Workshops erhoben, die im Idealfall von externen Moderatoren geleitet werden.[385] Wissensbilanzansätze kommen überwiegend ohne monetäre Größen aus.

Ein weiterer in Literatur und Praxis durchaus bekannter Ansatz ist die Balanced Scorecard (BSC) von Kaplan und Norton aus dem Jahr 1996. Auch wenn in der Methodik monetäre Werte auftauchen, so ist die BSC keine Methode zur alleinigen Wissensbewertung. Sie ist vielmehr ein Werkzeug um Strategien zu entwickeln und zu kontrollieren. Nichts desto trotz bildet sie doch unter anderem die immateriellen Vermögenswerte eines Unternehmens ab und wird auch auf Grund ihres Bekanntheitsgrades hier erwähnt.

Weitere Beispiele sind:

– Scandia Navigator
– Intangible Asset Monitor
– Wissensbilanz made in Germany
– Intellectual Capital Audit

Beurteilung für den Nutzen im Unternehmenskontext

Wissensbewertung ist stets zweckgebunden. Die Aussagekraft von quantifizierten oder gar monetären Werten ist mit einigen Unsicherheiten verbunden. Bei einer tatsächlich vollstän-

---

384 Vgl. Mertins, Alwert, Heisig, 2005 „Wissensbilanzen", S. 32 f.
385 Vgl. Mertins, Alwert, Heisig, 2005 „Wissensbilanzen", S. 298.

dig gesicherten Gesamtaussage, ist damit zu rechnen, dass die Kosten den Nutzen weit übersteigen. Im Unternehmenskontext ist die wertmäßige Betrachtung eine wünschenswerte, für die Steuerung aber reicht bereits ein Tendenz- oder Näherungswert um Handlungsempfehlungen ableiten zu können. Auch wenn diese ebenfalls mit Unsicherheiten und ggf. Ungenauigkeiten belastet ist, ist das ein besser Steuerungsanhalt, anstatt der Steuerung nicht oder im Blindflug durchzuführen. Der tatsächliche Wertbeitrag für das Unternehmensziel im Vergleich zu anderen – im Sinne des klar determinierten Wettbewerbsvorteils – lässt sich erst im nächsten Schritt und mit Transparenz und einer abgestimmten Basis untersuchen.

9   Fazit

Die *hier* erarbeiteten Ergebnisse bestätigt grundsätzlich die Annahme, dass der Einsatz und die Auswahl von Wissensmanagementkernaktivitäten von der Unternehmensgröße und der Branche beeinflusst werden. Es wird darüber hinaus vermutet, dass die Unternehmenskultur einen weiteren Einflussfaktor darstellt.

Trotz dessen lassen sich anhand der hier erarbeiteten Ergebnisse interessante Aussagen treffen.

Obwohl kleine und mittlere Unternehmen in der Regel als tagesgeschäftsorientiert gelten und grundsätzlich weniger finanzielle und personelle Ressourcen zur Verfügung haben als große Unternehmen, wird Wissensmanagement nur marginal seltener organisiert durchgeführt als in großen Unternehmen. Es scheint also, dass die Wichtigkeit der Ressource Wissen von kleinen und mittleren Unternehmen erkannt wurde. Es ist daher zu vermuten, dass kleine und mittlere Unternehmen gezielter einige wenige Wissensmanagementmethoden auswählen um den Ressourcenaufwand möglichst gering zu halten. Vielleicht werden auch nur die Methoden eingesetzt, die auf Grund der Ressourcenstruktur möglich sind.

Der Einflussfaktor Branche überrascht hingegen. Dass die Wissensmanagementmethoden der einzelnen Kernaktivitäten in den Unternehmen des Sektors 2 nahezu gleich oft und intensiv betrieben wird wie in Sektor 4 war nicht vermutet. Es scheint, dass die verarbeitenden Unternehmen im Zuge der Globalisierung den Wert der Ressource Wissen erkannt haben.

Unternehmen in den Branchen des Sektors 4 deren Produkte überwiegend Informationsgüter bzw. Wissensprodukte sind, bedürfen dahingehend keine Belehrung. In Sektor 4 betreiben 2 von 3 Unternehmen organisiert Wissensmanagement. Es erscheint selbstverständlich, dass dort wo Wissen das Verkaufsprodukt ist, Wissensmanagement eine wichtige Rolle spielen muss.

10 Ausblick

Wissensmanagement als Forschungsfeld gibt noch weiterhin einige Rätsel auf. So ist nach wie vor nicht eindeutig geklärt aus welchen Gründen sich Unternehmen mit dem Thema beschäftigen. Die übereinstimmende Mehrfachantwort der Teilnehmer (*Wissensmanagement wird als Innovationsgrundlage gesehen*) kann auf eine Unsicherheit diesbezüglich hindeuten. Dies hängt wahrscheinlich mit der Tatsache zusammen, dass es nach wie vor keinen wissenschaftlichen Beweis für eine positive finanzielle Wirkung ausgehend vom Wissensmanagement gibt (ähnlich wie es bei Fortbildungsmaßnahmen der Fall ist[386]). Die Beweggründe Wissensmanagement zu betreiben, sind also oft idealistischer Natur. So lässt sich auch das verhältnismäßig schlechte Abschneiden der Kernaktivität Wissenscontrolling begründen. Es wird vermutet, dass in diesem Bereich weitere Forschungsarbeiten folgen. Der Wunsch das Wissen eines Unternehmens verbindlich und referenzierbar zu messen, bleibt weiter unerfüllt. Diese Problematik hängt natürlich mit den Eigenschaften der Ressource Wissen zusammen. Genau hier wird der Ansatzpunkt für weiter wissenschaftliche Forschungsarbeiten gesehen.

Das Wissensmanagement in der Wirtschaft weiter eine einnehmende Rolle spielen wird, lassen die Ergebnisse zu den Abschlussfragen der Umfrage erahnen. 90% der Unternehmen beendeten den Satz *Wissensmanagement für Unternehmen unserer Größe halte ich für ...*mit *wichtig* oder *sehr wichtig*. 93,5% der befragten Unternehmen beendeten den Satz *Wissensmanagement für Unternehmen unserer Branche halte ich für ...* mit *wichtig* oder *sehr wichtig*.

Des Weiteren scheint eine Untersuchung, in der als dritte Komponente die Unternehmenskultur hinzukommt, wünschenswert.

---

[386] Vgl. Wolfgang Jaspers, Gerrit Fischer „Wissensmanagement heute" 2008, S. 82.

Literaturverzeichnis

Baßeler, Ulrich; *Grundlagen und Probleme der Volkswirtschaft*; 13. Auflage; Wirtschafts-verlag Bachem; Köln; 1991

Becker, J.; *Handelscontrolling*; 1. Auflage; Springer; Berlin, Heidelberg usw.; 2006

Böhmann, T., Krcmar, H.; *Werkzeuge für das Wissensmanagement*; In Bellmann, M.; Krcmar, H.; Sommerlatte, T. (Hrsg.); *Praxishandbuch Wissensmanagement. Strategien – Methoden –Fallbeispiele*; 1.Auflage; Symposium; Düsseldorf; 2002

Berthel, J.; *Information*; In Grochla, E., Wittmann, W. (Hrsg.); *Handwörterbuch der Betriebswirtschaft*; 4. Auflage; Schäffer-Poeschel; Stuttgart; 1975

Bodrow, W., Bergmann P.; *Wissensbewertung in Unternehmen. Bilanzieren von intellektuellem Kapital*; Berlin; 1. Auflage; Erich Schmidt Verlag; Berlin; 2003

Born, S. et.al.; *Leitfaden zum Thema „Information Lifecycle Management"*; Berlin; 2004
http://www.bitkom.org/files/documents/BITKOM_Leitfaden_ILM__Stand_21-04-2004.pdf
(Zugriff am 02.08.2007)

Bortz, J., Döring, N.; *Forschungsmethoden und Evaluation für Human- und Sozialwissenschaftler*; 3. Auflage; Springer; Berlin, Heidelberg usw.; 2002

Bullen, C.; Rockart, J.F.; *A Primer on Critical Success Factors*; In Center for Information Systems Research Working Paper Nr. 69; Sloan School of Management MIT; Cambridge; 1981

Buxmann, P.; *Informationsmanagement in vernetzten Unternehmen: Wirtschaftlichkeit, Organisationsänderungen und der Erfolgsfaktor Zeit*; 1. Auflage; Gabler; Wiesbaden; 2001

Campbell, N., Reece, J., Markl J.; *Biologie*; 6. Auflage; Spektrum-Verlag; Heidelberg, Berlin, Heidelberg usw.; 2003

Davenport, T.; Prusak, L. *Working Knowledge: How organizations manage what they know*; 1. Auflage; Harvard Business School Press; Boston; 1998

DIN EN ISO 9241; Ergonomie der Mensch-System-Interaktion; 2006

Fank, M.; *Einführung in das Informationsmanagement. Grundlagen – Methoden – Konzepte*; 1. Auflage; Oldenbourg; Wien, München usw.;1996

Frants, V., Shapiro, J., Voiskunskii V.; *Automated Information Retrieval*; Academic Press; San Diego; 1997

Gaus W.; *Dokumentations- und Ordnungslehre. Theorie und Praxis des Information Retrieval*; 3. Auflage; Springer; Berlin, Heidelberg usw.; 2000

Goemann-Singer, A.; Graschi, P., Weissenberger R.; *Recherchehandbuch Wirtschaftsinformationen. Vorgehen, Quellen und Praxisbeispiele*; 1. Auflage; Springer; Berlin, Heidelberg usw.; 2003

Güldenberg, S.; *Wissensmanagement und Wissenscontrolling in lernenden Organisationen. Ein systemtheoretischer Ansatz*; 3. Auflage; Deutscher Universitäts-Verlag; Wiesbaden; 2001

Heinrich, L.J.; *Informationsmanagement: Planung, Überwachung und Steuerung der Informationsinfrastruktur*; 6. Auflage; Oldenbourg; München, Wien usw.; 1999

Hungenberg, H; *Grundlagen der Unternehmensführung*; 2. Auflage, Springer; Nürnberg; 2005

Hungenberg, H.: *Strategisches Management in Unternehmen. Ziele, Prozesse, Verfahren*; 3. Auflage; Springer; Wiesbaden; 2004

Kayser, G.; *Was sind eigentlich kleine und mittlere Unternehmen (KMU)? Vom Sinn und Unsinn der KMU-Definition im Hinblick auf das Innovationsgeschehen*; Institut für Mittelstandsforschung Bonn; 2003; S. 2; http://www.ifm-bonn.org/presse/kay-aif.pdf (Zugriff am 16.07.2007)

Klingelhöller, H.; *Dokumenten Management Systeme. Handbuch zur Einführung*; 1. Auflage; Springer; Berlin, Heidelberg usw.; 2001

Königer, P., Reithmayer, W.; *Management unstrukturierter Informationen: Wie Unternehmen die Informationsflut beherrschen können*; 1. Auflage; Campus; Frankfurt; 1998

Krcmar, H.; *Informationsmanagement*; 4. Auflage; Springer; Berlin, Heidelberg usw.; 2004

Kromrey, H.; *Empirische Sozialforschung. Modelle und Methoden der Datenerhebung und Datenauswertung*; 7. Auflage; UTB für Wissenschaft; Opladen; 1995

Kuhlen, R.; *Informationswissenschaft. Schriften zur Informationswissenschaft*; Konstanz; Universitätsverlag; 1995

Linde, F.; *Ökonomie der Information*; 1. Auflage; Universitätsverlag Göttingen; Göttingen; 2005

Levitan, K.B.; *Information Resources as "Goods" in the Life Cycle of Information Production*; Journal of the American Society for Information Science; Silver Spring; 1982

Lyman, Peter, Varian, Hal R.; *How Much Information* 2003?; Berkeley; 2003; http://www.sims.berkeley.edu/research/projects/how-much-info-2003/printable_report.pdf (Zugriff am 23.09.2007)

Nohr, H.; Roos, A.W.; *Informationsqualität als Instrument des Wissensmanagements*; Arbeitspapiere Wissensmanagement; Fachhochschule Stuttgart; 2000; http://www.iuk.hdm-stuttgart.de/nohr/KM/KmAP/InfoQuality.pdf (Zugriff am 22.09.2007)

Nonaka, I., Takeuchi, H.; *Die Organisation des Wissens*; 1. Auflage; Campus; Frankfurt; 1997

North, K; *Wissensorientierte Unternehmensführung. Wertschöpfung durch Wissen*; 3. Auflage; Gabler; Wiesbaden; 1999

Picot, A., Reichwald, R., Wigand, T.; *Die grenzenlose Unternehmung. Information, Organisation und Management*; 4. Auflage; Gabler; München; 2000

Picot, A.; *Die Planung der Unternehmensressource „Information"*, In 2. Internationales Management-Symposium Erfolgsfaktor Information; Diebold Deutschland GmbH; (Hrsg.); Frankfurt; 1988

Pietsch, T.; Martiny, L.; Klotz, M.; *Strategisches Informationsmanagement. Bedeutung und organisatorische Umsetzung*; 3. Auflage; Erich Schmidt Verlag; Berlin; 1998

Porter, M.E.; Millar, V.E.; *How information gives you competitive advantage*; In Harvard Business Review July-August; 1985

Probst G., Raub S., Romhardt K.; *Wissen managen. Wie Unternehmen ihre wertvollste Ressource nutzen*; 5. Auflage; Gabler; Genf; 2006

Reichwald, R.; *Kommunikation*; In Bitz, M., Dellmann, K., Domsch, M., Egner, H. (Hrsg.); *Vahlens Kompendium der Betriebswirtschaftslehre, Band 2*; 3. Auflage; Vahlen; München; 1993

Rehäuser, J., Krcmar, H.; *Wissensmanagement im Unternehmen*; In Schreyögg, G.; Conrad, P. (Hrsg.); *Managementforschung*; Band 6, S. 1–40; Berlin usw.; de Gruyter; 1996

Riggert, W.; *Betriebliche Informationskonzepte. Von Hypertext zu Groupware*; 1. Auflage; Vieweg; Braunschweig usw.; 1998

Rockart, J.F.; *Chief Executives define their own data needs*; In Harvard Business Review March-April; Boston; 1979

Stock, W.; *Informationswirtschaft. Management externen Wissens*; 1. Auflage; Oldenbourg; Wien, München usw.; 2000

Thome, G., Sollbach, W.; *Information Lifecycle und Information Lifecycle Management*; 1. Auflage; Springer; Berlin; 2007

Wang, R.Y.; Strong, D.M.; *Beyond Accuracy: What Data Quality Means to Data Consumers*; In: Journal of Information Systems Management 12; 1996

Willke, H.; *Systemisches Wissensmanagement*; 2. Auflage; Lucius & Lucius; Stuttgart; 2001

Websites[387]

- Berkeley University of California, http://www2.sims.berkeley.edu
- Deutschen Institut für Medizinische Dokumentation und Information, http://www.dimdi.de
- Dialog, Teil der Thomson Corporation, http://www.dialog.com
- Fachinformationszentrum Technik e.V., http://www.fiz-technik.de
- Factiva, Teil von Dow Jones & Company, http://www.factiva.de
- FH Stuttgart, http://www.iuk.hdm-stuttgart.de
- GBI-Genios Deutsche Wirtschaftsdatenbank GmbH, http://www.genios.de
- Globalpark, http://www.globalpark.de
- LexisNexis Deutschland GmbH, http://www.lexisnexis.de
- PROJECT CONSULT GmbH, http://www.project-consult.net
- Questel S.A., http://www.questel.orbit.com
- Scientific & Technical Information Network, http://www.stn-international.de
- Xing AG, http://www.xing.com

---

[387] Die nachfolgenden Websites wurden am 14.10.2007 auf ihre Gültigkeit geprüft.

Anhang

A.1 Beispiele für Rechtsnormen die Aufbewahrungspflicht bedingen

Neben dem Handelsgesetzbuches, der Abgabenordnung, dem Umsatzsteuergesetz und den Grundsätzen ordnungsmäßiger Buchführung können je nach Ausgestaltung, Geschäftsort und Situation des Unternehmens die folgenden Regelungen und Normen verbindlich sein:

- Bundesdatenschutzgesetzes
- Regelungen des bürgerlichen Gesetzbuches
- Zivilprozessordnung
- Sozialgesetzbuch
- Kreditwesengesetz
- Grundsätze zum Datenzugriff und zur Prüfbarkeit digitaler Unterlagen
- Grundsätze ordnungsmäßiger DV-gestützter Buchführungssysteme
- Empfehlungen des Baseler Ausschusses für Bankenaufsicht (Basel II)
- Good Manufacturing Practice der EU-Kommission.
- Die Control Objectives for Information and related Technology
- Die interne Kontrolle gemäß dem Committee of Sponsoring Organisations of the Treadway Commission
- Regelungen des Sarbanes-Oxley Act

A.2   Auswahl von Aufbewahrungsfristen

Tabelle 35:   *Beispiele für Aufbewahrungsfristen*

Art	Aufbewahrungsfrist
Abschlussrechnung	10
Angebotsunterlagen mit folgendem Auftrag	6
Anlagen zu Buchungsbelegen	10
Anwesenheitslisten	10
Arbeits-und Betriebsschutzvorgänge	10
Artikelbogen (Materialentnahmeschein)	10
Ausgangszahlungen	10
Betriebsabrechnungsbogen	10
Bankeinzahlungen	10
Banküberweisungen	10
Betriebsunfälle	10
Bezugs-und Lohnbelege	10
Bilanzen	Nur im Original 10
Buchungsbelege	10
Eingangsrechnungen	10
Fahrtenabrechnungen (Geschäftsfahrten)	10
Fernschreiben	6
Gehaltsquittungen	10
Gehaltsübersichten	10
Handelsbilanz	Nur im Original 10
GuV	Nur im Original 10
Handelsbriefe, empfangene	10
Interne Buchungsunterlagen	10
Inventur Zählkarten	10
Jahresabschlüsse	Nur im Original 10
Kantinenunterlagen	10
Kassenzettel	10
Kaufverträge	6
Lagerscheine	10
Lieferscheine	6
Lohnabrechnungen	10
Mahnungen	6
Mietverträge	10
Organisationspläne	10
Quittungen	10
Rechnungen wenn Buchfunktion	10
Reiseauslagenbelege	10
Skontolisten	10
Steuerbilanzen	Nur im Original 10
Stornobelege	10
Testate	Nur im Original 10
Überstundenlisten	10
Überweisungsunterlagen	10
Verträge	6
Zahlungsbelege	10
Zinsabrechnungen	10
Zinsrechnungen	6

Quelle: *Klingelhöller, H.; Dokumenten Management Systeme; Springer; Berlin, Heidelberg usw.; 2001;*
              Seite 130–150

Stichwortverzeichnis

A

Abgrenzbarkeit 83, 87, 88
Agrarsektor 85
Altersstruktur 94, 103
Anforderungen 41, 42, 54, 83, 105
Archiv 21
Archivierungsentscheidungsprozess 26
Außenhandelsmarketing 28

B

Balanced Scorecard 79
Basisinformationen 9, 10
Baumstruktur 27
Bedarfsermittlung 16, 36
Befragungsteilnehmer 44ff.
Befragungsteilnehmerstruktur 45
Beratungsbranche 99, 104
Best Practice 71

C

Calculated Intangible Value 149
Communities of Practice 77, 105, 114
Competitive Intelligence 74, 102, 110

D

Daten 7ff.
Datenbankhosts 39
Datenbasis 44
Datenerhebungsverfahren 84
Dateninterpretation 66
Deskriptoren 28
Dienstleistungsbedarf 86
Dienstleistungsgesellschaft 86
Dienstleistungssektor 86, 90
Discounted Cash-Flow 148
Distribution 76
Dokumentation 75, 103, 112
Dokumenten Managements Systems 74

E

Effektivität 30
Einflussfaktor 106
erfolgskritische Information 5, 9
Erhebungsmethode 119
Erhebungsprozess 18
Evaluation 85, 87
Expertenverzeichnis 71, 99, 108
Explizites Wissen 10, 67
Externalisierung 24, 34, 72

F

Facettenklassifikation 27
Feedbackprozess 34
Firmennewsletter 76, 77
Fluktuation 93ff.
Forengruppen 44
Forschung 41

G

Generationswechsel 114
Gesamtinformationsmenge 4
Geschäftsprozessen 10, 13, 75, 94, 95
Globalisierung 62, 98
Globalpark 42, 158
Groupware 76, 104, 113
Güter 8, 62, 90

H

Halbwertzeit des Wissens 100
Hierarchie 27, 84
Hochschulen 18, 72, 100, 109
Humankapital 71, 73, 108, 110

I

Implizites Wissen 10, 32, 67
Intangible Asset Monitor 149
Indexierung 26ff.

Indikatoren 148f.

Indikatorenkatalog 149

Industriegesellschaft 61, 62, 85

Industriesektor 85, 86, 90

Information V, 3, 5, 7ff.

Informationsabteilung 22, 31, 56

Informationsangebot 36, 38

Informationsarchitektur 44

Informationsbedarf 16ff., 24, 31

Informationsbedarfsdeckung 22

Informationsbedarfstypen 31

Informationsbegriff 11

Informationsberuf 91, 92

Informationsbeschaffung 32

Informationsbestand 18, 29, 32

Informationsderivat 22

Informationsdesign 44

Informationseinheit 4

Informationseinsatz 56

Informationsgehalt 25

Informationsgesellschaft 3, 61, 62, 85, 87, 91, 92

Informationsgröße 23

Informationsinhalt 22, 29

Informationslebenszyklus 13ff.

Informationsmanagement 35ff.

Informationsnachfrage 35ff.

Informationsproblem 31

Informationsproduktion 4

Informationsressourcen 11, 12, 24, 25

Informationsschaffung 20

Informationssektor 86ff.

Informationsstrategie 16ff.

Informationstechnik 4, 49

Informationstechnologie 18, 24, 38, 69

Informationsversorgung 25, 31, 38ff.

Informationsvorsprung 3

Innovationsgrundlage 128, 146

Innovationsschöpfung 20

Intangible Scoreboard 149

Intellectual Capital Audit 149

Interviewverfahren 17

J

Jobrotation 77, 105, 114

K

Kategorisierung 38, 83, 149

Kategorisierungssystem 83

Kernaktivitäten 69ff.

Kernprozess 70, 71, 74, 77

Klassifikation 27, 28, 51, 74, 84, 85, 88, 89

Knowledge Metrics 147

Kodierung 65

Kollektive Begriffsbestimmungen 76, 104, 113

Kommunikation 9, 18, 23, 66, 76, 104

Kommunikationskultur 107

Kommunikationstechnik 91

Kompetenzen 71, 73, 94, 114

Kompetenzvorsprung 124, 126, 128

Kooperation 72, 73, 100, 109, 110

Korrespondenzfrage 47

Kreislauf 20, 21, 30, 33, 38

Kundenfeedback 70, 131

L

Langzeitarchivierung 26

Lebenszyklus 4

Lebenszyklusmodell 57

Lernen 35, 68, 79, 114

Lernprozess 34

Lessons Learned 74, 99, 102, 111

Lieferantenfeedback 70, 98, 108

Logik 9, 16

M

M&A-Aktivitäten 73, 101, 110, 135

Management 14ff., 33, 35, 54ff., 106

Managementbereich 17

Managementfunktionen 5

Managementkategorien 63

Managementmethoden 97, 128

Managementposition 17

Markenbewertungsverfahren 149

Marketing 91, 95

Marktteilnehmer 5, 14

Marktwert-Buchwert-Relation 148

Matrix 38

Meister-Schüler-Beziehung 76, 114

Mitarbeiter 13, 24, 25, 34, 39, 71ff., 94, 103ff.

Monetäre Bewertungsansätze 148
Monopolstellung 94

N

Netzwerke 34
Nutzungskontext 30

O

Ordnungsprinzipien 27
Ordnungssystem 26ff.
Organisation 16, 17, 34, 36, 68, 72, 76, 106

P

Patentdatenbanken 67
Personalentwicklungsprozesse 72, 100, 109
Personalmanagementmaßnahme 110
Pragmatik 8, 84
Processing 20, 24
Produktentwicklungsprozessen 95
Produktionsfaktor 3, 147
Produktlebenszyklen 96
Produktneuentwicklung 17
Projektberichte 72, 99, 108, 109, 111
Protokollierung 72
Prozessorientierung 97

Q

Qualitätsbeurteilung 24, 25
Qualitätseinschätzung 24, 25

R

Recruiting 56, 73
Redundanzen 74
Repräsentativität 83
Ressourcenaufwand 71, 114
Retrieval 21, 26, 27, 28, 31
Ruhestandsregelung 75, 103, 112

S

Saarbrücker Formel 148
Scandia Navigator 149
Schlussfolgerungen 54
SECI-Modell 10
Sektoren 85ff.
Semantik 8
Semiotik 8
Sigmatik 8

Sozialisation 34
Speicherung 14, 23, 30, 46, 67, 68, 74, 96
Strategie 15
Strategiebildungsprozess 37
Strategieentwicklung 95
Strukturmodelle 83
Strukturwandels 85
Suchfrageformulierung 31
Syntaktik 8

T

Talentmanagement 56
Technologisierung 94, 97, 98, 147
Technology Broker 148
Thesaurus 27, 28
Tobins q 148
Trägermedium 9
Transformationsprozessen 10

U

Übersichtlichkeit 83ff.
Umweltfaktoren 17
Unternehmenserfolg 57, 71, 147
Unternehmensführung 15, 35, 63
Unternehmensgröße 44, 81, 94, 106ff., 133ff.,
    146, 151
Unternehmenskontext 8, 9, 14, 19, 21, 23, 32,
    35, 50, 149, 150
Unternehmenskultur 99, 102, 107, 109, 151,
    153
Unternehmensphilosophie 94
Unternehmensplanung 10, 16
Unternehmenspraxis 27
Unternehmensressource 16, 157
Unternehmensstrategie 15, 18, 70, 79
Unternehmensstruktur 94
Unternehmenswissensbasis 34
Unternehmensziele 15, 32, 35, 46
Untersuchungsmethode 41
Untersuchungsobjekte 42
Userfeedback 25

V

Value Added Interllectual Coefficient 148
Vernetzung 28, 32, 33, 34, 38, 40, 50
Versionsmanagement 26
Vertrieb 95

Vertriebscontrolling 17
Vertriebstätigkeit 20
Volltextindexierung 29, 41, 51

W

Wechselwirkung 11
Wertbeitragsquantifizierung 57
Wertschöpfung 13, 55, 79, 94, 95, 147
Werttreiber 148
Wertverlust 96
Wettbewerb 16, 30, 56, 105, 147
Wettbewerber 14, 27, 55
Wettbewerbsfähigkeit 66, 69, 93, 109
Wettbewerbsfaktor 62
Wettbewerbssituation 55
Wettbewerbsstrategie 17
Wettbewerbsvorteil 5, 13, 14, 27, 57, 59, 62,
     147
Wikiplattform 76, 77, 102, 111
Wirtschaftszweige 83, 84, 88, 89
Wissen 10, 11, 62ff.
Wissensarbeiter 91, 96, 97, 98, 99, 100, 104,
     121
Wissensaustausch 71, 73, 100, 101, 109, 110,
     114
Wissensbedarf 95
Wissensbegriff 11, 65, 68, 69
Wissensbestand 70, 94, 98, 108
Wissensbewahrung 34
Wissensbewertung 7, 10, 147, 149, 155
Wissensbilanz 63, 78, 79, 106, 115, 142, 144,
     149
Wissenschaftsdisziplin 69
Wissenscontrolling 33, 78, 117, 142, 143,
     144, 145, 153, 156

Wissensdefinition 67
Wissenserwerb 34, 110
Wissenserzeugung 73, 101, 110, 114, 116
Wissensidentifikation 34, 78, 131, 132, 145
Wissensintensität 95, 96, 98, 99, 106
Wissenskapital 78, 147, 148, 149
Wissenskategorien 10
Wissenslandkarte 70, 71, 98, 108, 131, 132
Wissenslücken 9, 70, 71, 73, 77, 98, 101, 110
Wissensmanagement 32ff., 69ff.
Wissensmanagementaktivitäten 63, 83, 93,
     123, 146
Wissensmanagementansatz 147
Wissensmanagementdefinition 69
Wissensmanagementkernaktivitäten 70, 79,
     81, 115, 117, 129, 143, 144, 146, 151
Wissensmanagementmethode 94, 102, 129
Wissensmanagementprozesse 33
Wissensnutzung 34, 35, 93
Wissensressourcen 69
Wissensstand 79, 147
Wissensstrategie 18, 34
Wissensteilung 93, 106, 117
Wissensträger 34, 70
Wissenstreppe 13, 66, 67
Wissensverlust 75, 93, 103
Wissensverteilung 34, 35, 111
Wissensziele 18, 33, 70

Z

Zeichen 7, 8, 61, 65, 66, 68
Zeichenketten 7, 8
Zeichenvorrat 7
Zyklusabschnitt 19ff.